高情商沟通学

译夫 编著

中国纺织出版社

内 容 提 要

日常生活中，我们每个人都免不了与人沟通，而沟通能力如何考验的就是我们情商的高低。高情商者知道如何贴合人心地说话，如何进行良好的沟通。

本书从口才的角度，告诉人们情商在提升沟通能力中的重要性，指导你如何学到实用高效的沟通技能，提高你在与人交往方面的语言能力，进而帮你掌握最能赢得人心的沟通诀窍，成就自己的精彩人生。

图书在版编目（CIP）数据

高情商沟通学 / 译夫编著. —北京：中国纺织出版社，2018.9（2023.1 重印）
ISBN 978-7-5180-4964-6

Ⅰ.①高… Ⅱ.①译… Ⅲ.①人际关系学—通俗读物
Ⅳ.①C912.11-49

中国版本图书馆CIP数据核字（2018）第084711号

责任编辑：闫　星　　特约编辑：王佳新　　责任印制：储志伟

中国纺织出版社出版发行
地址：北京市朝阳区百子湾东里A407号楼　邮政编码：100124
销售电话：010—67004422　传真：010—87155801
http：//www.c-textilep.com
E-mail：faxing@c-textilep.com
中国纺织出版社天猫旗舰店
官方微博http：//weibo.com/2119887771
佳兴达印刷（天津）有限公司印刷　各地新华书店经销
2018年9月第1版　2023 年 1 月第 4 次印刷
开本：710×1000　1/16　印张：13
字数：139千字　定价：36.80元

前言

现在社会上流行一句话："智商决定录用，情商决定提升。"不得不承认，情商已经成为人们日常交往中的一种智慧，是一个人获得成功的关键因素。高情商者能够充分地发挥自身潜能、调节掌控情绪，从而与周围的人在接触中表现出良好的亲和力，并在生活工作中获得比别人更多的机遇。

我们发现，生活中，那些高情商者似乎有着某种魔力，他们总是能在三言两语间就搞定许多难题。这是因为，他们有着出色的沟通能力。所谓沟通，指的是人与人之间、人与群体之间思想与感情的传递和反馈的过程，以求思想达成一致和感情保持通畅。从沟通的定义中，我们也看到，沟通一定要是双向的，这样一来一往，才能够算得上是真正成功的交流。为此，我们在与人沟通的过程中，要想获得好的沟通效果，就不能一味地说，而忽视了沟通对象的存在。

真正的沟通能力，不仅仅只是拥有滔滔不绝的说话能力，更重要的是我们有见机说话的技巧，善于说话的高情商者不一定说得很多，但是，他说过的每一句话都能够恰到好处。而之所以那些高情商者能将话说到点子上，还在于他能够通过语言来影响他人的心理，说出对方想听的，了解对方所想到的、所顾虑的等，这样，我们就找到了与他人进行良好沟通的那把钥匙。

其实，只要你细心翻阅《高情商者沟通学》这本书，你也能做到这一点。本书从口才的角度出发，并引用了丰富多彩的案例，帮助你学会更高效有用地掌握沟通技能。当然，要提高你的沟通能力，并不是一朝一夕就能做到的，需要你进行长时间的认真练习，按照本书中提供的方法进行训练，相信日后你会成为一个对语言沟通驾轻就熟的高情商人士。

编著者

2017 年 11 月

目录

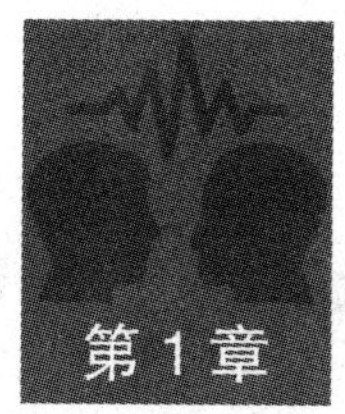

慧心美言，高情商者必须掌握的六大沟通“套路”

我们都知道，人活于世，无非两件事，说话和做事，说话方式是一个人情商的重要体现，说话在生活中最直接的体现就是沟通，而所谓沟通，指的是人与人之间、人与群体之间思想与感情的传递和反馈的过程，以求思想达成一致和感情保持通畅。在很多时候，沟通之所以产生障碍并不是因为口才方面的问题，而是忽略了一些应该掌控的基本原则，本章里，将介绍高情商者通常使用的六大沟通必杀技，掌握这些原则，你将能够轻松自如地影响他人的心理，提高自己的沟通能力，进继而改善你的人际关系，全面提升你的个人影响力，最终达到你的沟通目的。

沟通前先营造良好的氛围

现代社会，说话和沟通能力的重要性毋庸置疑，沟通能力是一个人情商高低的重要指标，俗话说，“一言可以兴邦，一言可以废邦”。善于说话的人，在这个世界上能够御风而行，万事顺意、不会说话的则如船搁浅滩，步步难行。因此，我们可以长得不漂亮、不帅气，但一定要说得漂亮，恰当的表达、巧妙的沟通，都能让你在生活和工作中顺心顺意。成功的人之所以成功的秘诀之一便是能说会道。而任何一个高情商者的必杀技是在他们沟通前都会先营造良好的氛围。

的确，所谓沟通的定义，指的就是人与人之间、人与群体之间思想与感情的传递和反馈的过程，以求思想达成一致和感情保持通畅。可见，沟通一定要是双向的，这样一来一往，才能够算得上是真正成功的交流。

为此，我们在与人谈话中，要想获得好的沟通效果，就要营造好的沟通氛围。

我们先来看看下面这个故事：

有这样一个小男孩，他的工作就是替人割草。一天，他叫来他的朋友，给了这位朋友 5 美元，希望他能打电话给一位老太太。

电话拔通后，男孩的朋友开始按照男孩事先吩咐的顺序问：“请问您需不需要割草？”

老太太回答说：“谢谢，不需要，我已经有了割草工。”

“可是，我会帮您额外拔除那些杂草。”

“我的割草工已经做了。”

此时，男孩的朋友还是继续说：“我会帮您把草与走道的四周割齐。”

老太太回答：“我请的那个割草工也已经做了，他做得很好。谢谢你，我真的不需要新的割草工。”

当听到老太太这样回答后，男孩便暗示朋友可以挂电话了。此时，这位朋友很不解地问男孩：“我不明白的是，你明明就是老太太的割草工人，为什么还要打这个电话？”

割草男孩说：“我只是想知道老太太对我工作的评价。”

这个故事的寓意是：沟通是必要的，我们只有打开双方的话匣子，勤与客户、老板或上级领导沟通，你才有可能知道自己的长处与短处，才能够了解自己的处境。

事实上，真正有效的沟通一定是互动的，而这个互动可以利用当时的环境特点来帮助自己实现。

然而，与人沟通的过程中，总是有些人，似乎并不领我们的情，无论我们怎么鼓励，他们都羞于表达，甚至面无表情，在他们的语言词典里，似乎就只有“是”与“不是”，或者“行”与“不行”，让人觉得无法与其攀谈，让交谈显得尴尬。其实，只要我们学会营造氛围，就能够在无形之中慢慢增添几分说话的自信心，找到打开话匣子的钥匙，从而赢得别人的尊重与友谊。

其实，这还是因为我们没有营造出好的氛围，为此，我们可以从以下几个方面努力：

1. 摆脱陌生人情结

如果对方不爱说话，且是陌生人，那么，你不需要特意装模作样，不过也要表现出你的诚意。其实每个人跟陌生人交谈时内心都会不安，一定要自己先放下陌生人情结。这样，与之交谈的时候，才会显得随意轻松，在谈话时要关注对方的表现，如果对方不感兴趣，就得停住你谈的话题了。

2. 拉近关系，更易打开话匣

1984 年 5 月，美国总统里根在访华时来到了复旦大学。

当时，里根总统来到了一间大教室，里面坐了一百多位学生，他发现，现场的氛围有点严肃，然后，他开了个玩笑："其实，同学，我们还有着很密切的关系呢，以前，我的夫人南希和你们的谢希德校长都是美国史密斯学院的学生，那这样推断，我们也算很好的朋友嘛！"说完这段话，大家给了他热烈的掌声，他成功拉近了与一百多位异国学生的心理距离，接下来的谈话更是轻松、融洽。

从里根总统的这番话中，我们看到了他平易近人的个性，表达出了想与学生们亲近的愿望，于是，这一番话很快便营造出了和谐的交谈氛围，其实，人与人之间，都有个从不识到相识的过程，只要我们有交往的愿望并主动表达出来，那么，你就可以换来对方的亲近。

因此，我们与人沟通前，不妨也学一学里根总统的这种套关系的技巧，拉近彼此间的关系，交流起来就会顺利得多。这里"套"的"关系"，可以是朋友、可以是同学，可以是共同参加过某个会议，可能都曾去过某个地方……总之，只要是可能拉近与对方关系的内容都可以。但是，我们还需要注意的是，千万不能提及对方不想提及的内容或者是对方不感兴趣的话题。

3. 重视对方说的每一句话

那些说话妄自尊大，小看别人的人总会引起别人的反感，最终在交往中使自己走到孤立无援的地步。与人沟通，目的在于交流意见、达成共识，只有重视对方说的每一句话，才能同样赢得尊重。

4. 懂得倾听，并适时反馈

沟通的过程，并不完全是说的过程。我们有说的权利，但每个人都希望被倾听，这是一种自我价值的认定，而我们的反馈则是倾听的最好证明。因此，只有满足对方说的欲望，才会让人对你产生亲近的愿望。

总之，与人沟通的过程中，让对方多说话，是营造沟通氛围的重要方式，并不会让我们丧失交流的机会，反而会有助于你达到沟通目的。

转换思维，从对方能接受的角度开始沟通

现代社会，人与人之间的交往空前频繁。无论是什么类型的沟通，我们都可以通过“说”来让对方接纳我们。而要想成功达成我们的沟通目的，就首先得辨析对方的心性，了解其内心世界。然后，要针对对方心理“对症下药”，找到沟通的有效途径、方法。如果考虑从正面不能说服的话，不妨转换一下思维，从对方能接受的角度入手。然后再根据对方的需要，提出你的新主张，从而让对方放弃自己的旧主张，达到改变对方观点的目的。

高情商沟通学认为：人内心中对自己非常的忠诚，对于反对和批评会产生强烈的抵触和对抗，心里觉得你并不了解他。相反，如果你能设身处地的说出为对方的担忧，表达你的同情和理解，别人心里会感觉到温暖，

抵触的情绪会减弱。基于人们的这种心理，在表达批评的时候，不妨动之以情，设身处地地为他人着想，说出对方内心的担忧。

其实，与人沟通，如能从对方的心理角度入手，往往能取得事半功倍的效果。而如果对倾听者不加分析，沟通就会遇到重重阻力。在生活中，这样的例子非常的多。比如，有一位先生，请一位室内设计师为他的居所布置一些窗帘。当账单送来时，他大吃一惊，意识到在价钱上吃了很大的亏。过了几天，一位朋友来看他，问起那些窗帘时，说："什么？太过分了。我看他占了你的便宜。"这位先生却不肯承认自己做了一桩错误的交易，他辩解说："一分钱一分货，贵有贵的价值，你不可能用便宜的价钱买到高品质又有艺术品味的东西……"结果，他们为此事争论了一个下午，最后不欢而散。可见，即使一个人犯了错误，也不愿意被别人贴上标签。与其说"你错了"，倒不如换个角度，迂回一点寻找沟通的方法。

那么。我们该怎样做呢？

1. 掌握火候，不要在刚开始就讨论双方的分歧点

如果一开始我们就反对对方，那么，对方只会产生逆反心理；而反过来，如果我们站在了对方的角度说话，先肯定他，或者讲些对方愿意听的话，那么，共同点找到后，你再表达自己的观点，对方会更容易接受。

2. 切莫让对方先入为主

如果在开始说话前，对方就已经对你树立起了警戒或者对立的态度，那么，成功沟通的难度自然就会加大，所以我们应当一面巧妙地疏导和松懈对方的戒心，一面小心地辅以适当的劝服，这样对方就比较容易接受。

3. 注意自己说话的态度，说服忌批评

假若你劈头盖脸地批评对方，那么，这无疑是火上浇油，你会使对方

迁怒于你。所以你一定要注意自己说话的态度，真诚恳切而又平心静气地向对方陈述，使对方信任你，才有可能说服对方。

总之，我们要对对方进行一番了解，当正面沟通使对方产生对立情绪时，不妨采用迂回方法：或退一步，或从侧面，或步步为营，总之，要从对方可以接受的角度入手，从而让对方在不知不觉中接受你的意见。

找对话题，让沟通事半功倍

高情商沟通学认为，人与人的沟通中，我们若想获得良好的沟通效果，就必须先接近对方，让对方产生好感，而能用来接近对方的话题可说俯拾皆是，关键在于要善于根据特定的情境去发掘，并恰到好处地运用。的确，一旦话题不对，就难以与对方顺利聊下去，所以，寻找好的话题是顺利沟通的关键所在。

有些人认为，沟通时只有那些不平凡的事才值得谈。因此朋友见面想开口时，往往满脑子都在苦苦思索，企图找到一些怪诞、惊奇的事件或相当刺激的新闻来当话题。但实际上，我们的生活是朴实的，这类话题毕竟是少数。而且，如果我们每天与对方谈新闻，毫无新鲜感可言。

事实上，我们都是普通人，所关心的问题也比较普通，比如，孩子大了，到哪个学校读书比较好；花卉被虫子咬了，该用什么药；养个什么宠物比较好；猪肉又涨价了等等。

话题的选择最好能就地取材，依照当时所处的环境选取话题。比如，如果你和对方相遇在朋友家里，不妨与对方聊一聊与主人的关系：“听说

您和某先生是战友？”这样，无论问得对与不对，都不会引起不愉快。

除此之外，你还可以向对方了解一些他熟悉、感兴趣的问题。如果对方是销售员，你可以问他：“你销售什么产品？生意好不好做？”因为这是对方熟悉的话题，所以对方很容易就能开口。如此，你们就能按这条路子聊下去了，可以聊聊产品、行业前景等问题。

那么，在沟通中，我们该如何选择话题呢？

1. 用兴趣打开沟通的突破口

与人沟通的时候，会出现一些头疼的问题，不管我们说什么，对方都表现出一副不在乎的情绪。其实，这是因为，你说的话令对方不感兴趣，要想让对方打开话匣子，我们需要从对方的兴趣入手。如果可能的话，你应尽量找出对方最感兴趣的事，然后从这个方面去接近他。倘若没有机会，或这种机会不易得到，也该尽可能选择对方最大的兴趣去聊。我们主要的目的，就是要让对方对你产生兴趣，这样才能让聊天继续下去。

2. 用热情带动沟通气氛

如果你选择的话题与你长期的经历、追求或者爱好有关，那么你是不难打动对方的。

缺少热情的谈话和聊天无疑是枯燥乏味的，也没有人愿意迎合。就比如你在与朋友聊你开车，因为超速而被警察发现了。实际上，对方希望听到的不是你的轻描淡写，而是希望听到你当时的感受，希望你能说出你看着警察写罚单时的情况。你将当时的情况描述得越详细，越精彩，就越能吸引听众。

所以，在与人聊某些话题时，你的话语中有多少激情，就会激起多少听众的激情。

3．不要轻易否定别人

如果你在与别人沟通时，出现了与对方相左的观点，特别是你想说服对方接受你的观点时，那么你最好不要一上来就否定对方的观点，说他的观点是错误的、荒谬的，这样你一定不会获得你想要的结果。相反，如果你能机智、委婉地说出你的观点，然后将对方引导到其他话题来，从而让他们忘记自己原来的观点，这是能将话题继续下去的明智之举。

比如，对方在你的面前指责你一个非常熟悉的朋友：“他这个人脾气太坏，那次我们一起去谈某项业务，结果与对方负责人没说三句话，就在饭店吵了起来。”你可以问他：“哦，是吗？在哪家饭店？”对方回答后，你们不妨就哪些菜比较有特色聊一聊，将话题引开。

4．避开别人的痛处

事实上，每个人都有自己的忌讳，人人也都讨厌别人提及自己的忌讳。我们在与他人沟通时，就要避开这类话题，把握分寸，不要伤害到别人的自尊心。

掌握以上话题沟通技巧，我们就能把话说到对方心里去并产生积极的作用，对方会产生愉快的情绪，也就愿意与我们亲近了。

察言观色，开口前先了解对方想听什么

现实生活中，可能一些人认为，说话并不是一件容易的事，尤其是在与人沟通的过程中，他们常常陷入和交谈对象“话不投机半句多”的境地，然而，对于那些高情商者而言，他们懂得察言观色、投其所好，总是能让

听者喜逐颜开，后者就是了解沟通的要义的，不得不说，说话之难，难就难在对象可以犹如变色龙般捉摸不定，你若以一种说话方式面对所有人，那就算你“不会说话”了。

事实上，在人与人沟通中，说话投其所好是一种高超的沟通技巧。要想和他人顺利交往，首先你就要学会针对对方感兴趣的话题说话，用动听的语言打开对方的心房。一般而言，当人们的意见、观点一致时，彼此就会相互肯定、信任，反之，就会彼此否定，产生防备心理。所以，那些人际关系高手在与他人沟通之前总是先细细揣摩对方的喜好，然后尽量迎合他，满足他的欲望。事实也证明了这一点，谈话中，没有人会对自己不感兴趣的话题投入过多的热情，而如果遇到自己感兴趣的话题，他们常常会情绪激昂的参与进来。因此，在与人沟通中，你也可以抓住对方的这种心理，逐渐了解对方，并与对方和谐相处，从而实现进一步的交流。

因此，生活中的人们，要想在沟通中得到对方的认同，并取得良好的沟通效果，就要先彻底的了解对方的所“好”，知己知彼，真正做到迎合对方，投其所好。

作为一名销售人员，杰奎琳最近要写一份市场报告。但这篇报告的资料确实很难寻找到。通过打听，她得知，有一家工业公司的董事长拥有她需要的资料。于是，杰奎琳便前去拜访。秘书告诉杰奎琳，这些机密的资料，董事长是不会交给陌生的推销人员的。随后，杰奎琳听到秘书对董事长说：“今天没有什么邮票。”打听后，杰奎琳得知，原来董事长在为儿子收集邮票。

杰奎琳走进董事长办公室之后，刚开始并没有提及资料的事儿，而是先从儿子谈起。

“您办公桌上照片上的人是您的儿子吧，我也有个这么大的孩子，很

调皮，不过有个很安静的爱好，他喜欢收集邮票。”

听到这话，董事长两眼放光：“是吗？现在的孩子真是不好伺候，除了要给他充足的物质生活，还要时刻关注他思想动态，稍不留神，他就会闯祸，甚至在学校不听课、打架，尤其是男孩子，越来越不好管教了。”

“是啊，我昨天还被老师叫到学校了。”仔细听完这些后，杰奎琳点头回答道。

“对了，你说你的儿子也喜欢收集邮票，他通常都是自己收集？”

“是的，董事长。”

“那你比我好多了，我每天都要叮嘱秘书为我留意邮票呢！那你什么时候能把你儿子的邮票带给我看看吗？”

“当然可以，我还可以送您一些！”

“真的吗？真是谢谢！乔治他一定喜欢，准把它们当无价之宝。”董事长连连感激道。

接下来的时间里，杰奎琳一直和董事长在谈邮票，临走时，秘书稍微提及了一下资料的事，没想到，还没等杰奎琳开口，董事长便把他需要的资料全部告诉了他。不仅如此，董事长还找人来，把一些事实、数据、报告、信件全部提供给了杰奎琳。

我们可以看出，销售员杰奎琳是个说话懂得投其所好的人，她之所以能拿到自己需要的资料，是因为她从董事长最关心的问题开始谈起——他的儿子喜欢收集邮票。当她激发起董事长的谈话欲之后，她转变谈话方式，把谈话主动权交给对方，自己充当倾听者的角色，在倾听的同时，她对对方的谈话内容，表达了赞同的意见，从而引发了共鸣。

从这个故事中，我们可以看到说对方想听的话的重要性。卡耐基也曾经说过，如果想要和他人顺利沟通，并成功地获得他人的好感和认同，最好的方法就是和对方谈论他感兴趣的话题。事实也是这样。

如何把一句话说得好是有技巧的，这并不是要我们巧舌如簧，而是要懂得把话说到对方心坎里去，这就是投其所好，对方高兴了，自然愿意听你的意见。而首先，我们必须要猜透对方心理。

所谓猜透对方心理，无外乎两个原则：

1. 饰其所矜

那些他认为骄傲的、值得夸赞的地方，你一定要渲染一下，以提高他的倾听兴趣。

2. 减其所耻

他自认为不足的、过去所做过的亏心事等，你要会为其辩解，从而使其放心。

站在对方的立场上分析问题，能给对方一种为他着想的感觉，这种投其所好的技巧常常具有极强的说服力。要做到这一点，"知己知彼"十分重要。惟先知彼，而后方能从对方立场上考虑问题。

此外，在交流过程中，你也要学会通过对方的手势、姿势、表情以及当时的整个反应，去分析对方的感情变化，体会对方的话语意义。要知道对方说话时的感受比他的话语本身更重要。

语言缜密，更要懂得随机应变

在日常沟通中，同样是说话，有的人由于词不达意而处处碰壁，高情

商的人却口吐莲花左右逢源。这是为什么呢？其实这就是言语的慎密性，前者言语不够慎密，经常被他人抓住“把柄”，后者言语谨慎小心，把话说得滴水难漏。在语言沟通中，无论是赞美他人，还是批评他人，我们都应该谨慎使用言语，把话说得滴水不漏，不给对方反驳的机会，不让对方有空子可钻，以慎密言语来影响他人心理。

可是，在现实生活中，许多人不经过大脑思考就脱口而出，常常会因为言语中出现的漏洞而被对方反将一军，或者自己自作聪明地认为自己掌握了话语主动权，但是，却在无意之间就让对方抓住了“把柄”，最终只能以惨败收场。所以，我们不仅要善于言辞，更要会说话，努力把话说得滴水不漏，不让对方抓住“把柄”。

有时候，沟通就是一场语言的战争，谁先露出了破绽，谁就先输了。因此，我们在沟通过程中，语言不仅可以为我们传情达意，而且还能够成为自己的防卫“武器”。一旦言语中有了“空子”，就给对方提供了反驳的机会，最后就有可能被对方抓住把柄。所以，为了打赢“语言”这场战役，我们需要谨慎使用一字一句，尽量慎言密语，为自己筑起坚固的心理防卫，不让对方抓到把柄，牢牢把握“胜利”的机会。为此，我们需要记住两点沟通原则：

1. 三思而后说

俗话说：“三思而后行。”说话也一样，语言经过了大脑的思考才更有说服力，而且，也能经得起对方的“检验”。所以，无论是在什么场合，面对什么人，我们都需要“三思而后说”，嘴边留个把门的，这样我们的言语才会显得慎密、谨慎。

2. 懂得随机应变

面对对方咄咄逼人的问题，有可能你会乱了阵脚，于是，那些不该说

的就脱口而出。在这样的情况下，对方有可能会从你的话语中抓住把柄，并且伺机通过言语攻击你。因此，在面对别人的提问时，我们要懂得随机应变，把回答的话说得滴水不漏，让对方找不到把柄。

换位思考，说话要顾及别人感受

我们都知道，与人沟通的过程中要想让他人从内心真正接受我们，是需要一个过程的，这个过程就是良好印象的不断累积的过程。的确，那些高情商的人一般是那些“贴心的”、让别人觉得“了解我”“信任我”“接纳我”这种类型的人。因此，如果你认真努力地去了解别人的心意，非但大家抢着成为你的朋友、想和你谈恋爱、买你的商品，也会蜂拥而来寻找你。

所以，在与他人沟通的过程中，我们千万不可趾高气扬，目空一切，不可一世，也无论你有怎样出众的才智，也不要把自己看得太了不起，你要做的是多从他人的角度考虑，说话贴心一点，只有这样，才能获得他人的支持。

张阿姨身体一直不好，有心脏病，还经常失眠，而最近，隔壁好像在装修，经常大清早的就来了，夜间张阿姨好不容易睡着，又被吵醒了。为此，张阿姨的儿子很生气，要去对面理论一番。

谁知道，第二天早上大清早，对面的邻居就敲开了张阿姨家的门，张阿姨从厨房走出来，这位邻居急忙上前做了一个作揖的姿势：“大妈，我今天来，是想说声对不起，我今天才知道您心脏不好，昨天打扰到您了，不过您放心，我给民工说好了，装修时间就定早上 8 点半到中午 11 点半，

下午 2 点半，晚上最晚到 6 点半，他们如果违反规定，我就扣他们的工钱，这是我的名片，他们如果做得不好您就给我打电话。”

第二天装修的时候，这些民工果然遵守这位邻居定好的规矩，而且很会办事，他们在使用那些噪声比较大的工具时，都会和张阿姨说一声，让老太太有个思想准备。以前，其他邻居在装修的时候，整个楼层的人都会倒霉，不仅是噪音，楼里楼外又脏又乱。而这家的装修工人却把废料装在编制袋里，整齐地码放在楼角处。每天，他们在装修完之后，都会把这些废料一起带走。另外，他们严格遵守规定的工作时间，所以楼层的邻居们都没有被吵到，两居室足足装修了两个多月，时间确实长了点，可没招来邻居一句抱怨。

对此，张阿姨对儿子说：“多为人家想想，就没什么可生气的。”

的确，替别人着想是一种美德，是解决问题的首要途径。换个角度来讲，替别人着想，不仅释放了自己，改善了自己的心境，使自己不容易生气，还能减少人际间的矛盾，让彼此关系更进一步。

人际交往中，我们也应该和故事中的邻居以及张阿姨一样，凡事多为对方考虑，让对方感受到你的贴心，那么，对方便也会认可你和接受你，具体来说，我们可以这样做：

1. 凡事多询问对方的意见和想法

询问与倾听，不仅能防止自己为了维护自己的权利而侵犯他人，还能帮助我们鼓励对方说出自己真正的想法，了解他们的愿望与感受。一个懂得沟通艺术的人，都是善于通过倾听来获得好感的。

2. 说话要有耐心

耐心地说话，不仅有利于对方听懂你的意见，更能让你慢条斯理地理

清思绪。生活中，人们经常因为没有花时间系统地审视自己的先入之见而身陷糟糕的交谈中。心理学家把这种急切的心态称为“确认陷阱”——他们没有去寻找支持自己想法的证据，同时又忽视了那些能证明相反意见的证据。

3. 换位思考

如果你与对方产生了分歧或者利益争端，应当把自己和对方所处的位置关系交换一下，站在对方的立场上，以他的思维方式或思考角度来考虑问题。这样，通过换位思考，你就会发现，他的要求并不过分。通过换位思考，你会真切地理解他此时此地的感受；通过换位思考，你也会变得宽容。

总之，人都是感情的动物，我们要想真正做好沟通，“用刑”不如“用情”，多为对方考虑，站在对方的立场说话，他会觉得你在为他着想，也就会臣服于我们的真情实意。

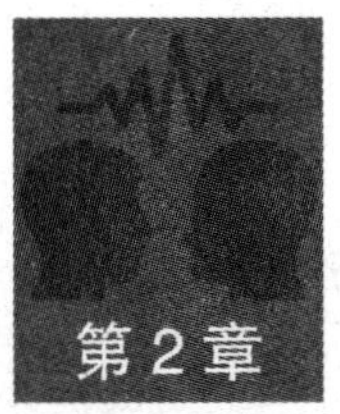

高情商沟通之如何接近：快速与陌生人谈笑风生

生活中，我们在与素不相识的人进行聊天的时候，往往会因为生疏而产生一些心理屏障，不知道从何谈起。高情商沟通学告诉我们，可以从适度的寒暄、优雅的谈吐、共同的话题、对方的兴趣爱好等方面去进行，以此来拉近彼此的心理距离，获得他人的好感，确保沟通的顺利进行。

和陌生人说话，你准备好了吗

中国人常说："一回生两回熟。"这句话的意思是说，人与人之间，总有个从相遇到相识、相知的过程，即使是陌生人，经过一番了解，也会成为你的朋友。的确，在家靠父母，出门靠朋友，人生路上，朋友在关键时刻的帮助能让我们脱离险境，让我们飞黄腾达，这也已经是无数成功者的切身体验和宝贵心得。一个善于交朋友的人，都能做到处处受欢迎，事事得到他人帮助，毫无疑问，这样的人，在竞争激烈的现代社会一定会多几分胜利的把握。那么，朋友从何处来？很简单，从陌生人而来，然而，并不是所有人，都有与陌生人说话的勇气，但如果你想与陌生人成功结交，你就必须克服这一交际障碍。

陈潇是个生性羞怯的姑娘，参加工作以来，她一直在找机会让自己变得大胆起来。周末这天，她来到商场，准备为自己添置一双鞋。来到某品牌专柜，她左看右看，也没看到合适的。正准备离去时，她发现，迎面走来的一位女士好面熟，仔细想了想，原来大家都在同一座大楼上班。出于好奇心，陈潇决定看下这位女士会挑什么样的鞋。于是，她继续假装看鞋。

"小姐，你这双高跟鞋打不打折，啷个那么贵？"这位女士一口重庆腔。陈潇一听，原来是老乡，禁不住想过去和她说几句话，但此时，她内心又害怕起来，万一对方根本不愿意与我交谈怎么办？这样一想，搭讪的想法只好作罢。

“不好意思，我们这里的鞋子全部正价。”

“可是一般的专卖店也会打个八折，一双鞋子八九百，实在是有点贵撒。”陈潇最终还是开口了，她觉得这是个切入话题的好机会，并且，她是用重庆口音说话的。听到陈潇的回答，对方似乎很吃惊，但立即表现出很高兴的样子，对陈潇说：“你是重庆哪里的？在北京做什么工作啊？”

听到对方似乎已经产生了交谈的兴趣，陈潇变得开朗多了，“江津的，做化妆品销售工作。对了，您是不是在 ×× 大楼上班？我以前好像见过你，还不是一次两次呢？”

“是撒，我自己开了个保健品公司。”

“相比之下，我就自愧不如了，同样是重庆来的，我还是个销售员呢！”

“没啥子，我当初也是这样一步步走过来的，你还年轻，对了，我们交换一下电话吧，以后有事要找我啊。”

“你不说我差点忘了……”

就这样，陈潇和这位老乡认识了。后来，她们成了很要好的朋友，她还帮陈潇介绍了很多客户，因为关注保健的那些女士通常也很在意自己的皮肤。

这里，我们看到了一个羞怯的姑娘在遇到陌生人时逐步让自己健谈起来的过程。此时，如果她没有主动搭讪，那么，她很可能就失去一个朋友。其实，我们每个人都有陌生人情结，只要我们克服心理的那道关卡，主动走出第一步，很多时候，对方是愿意与我们交谈的。

我们若希望扩大自己的人脉圈子，就不要放过结交陌生人的机会，的确有时候在看报纸或与别人闲谈时、与别人吃饭时甚至是他人不经意间的一句话，可能就会让我们有所收获，发现目标。对于我们每天遇到的路人，

只要我们勇敢一点，并懂一点搭讪的技巧，也有可能与之结交，甚至成为朋友。在餐厅、公共汽车或者散步时，您有没有尝试着和您身边的人交谈过？如果您尝试过，就会发现和走近您身边的人进行交谈是一件非常有趣的事情。当然，你必须要克服胆怯的心理。一般来说，怯于表现的人面对众多目光只是觉得不安，并非讨厌赞美和掌声。

因此，为了克服自己胆小的性格弱点：

1. 首先，你需要树立自信心

树立自信心是战胜胆怯退缩的重要法宝。胆怯退缩的人往往是缺乏自信的人，对自己是否有能力完成某些事情表示怀疑，结果可能会由于心理紧张、拘谨，使得原本可以做好的事情弄糟了。

因此，你在做一些事情之前就应该为自己打气，相信自己是有趣的、吸引人的，然后按照自己的想法去努力就可以了。

2. 你还应该有意识地扩大自己的接触面，经常面对陌生的人与环境，逐渐减轻不安心理

闲暇时，你也可以和周围的人多聊聊；多参加他人组织的一些活动；经常到亲戚家串门；节假日背上行囊去旅游，让自己置身于川流不息的游客潮中……随着见识的增长，你面对别人的目光时，便会多几分坦然。

总之，你若想和陌生人建立并加深关系，还必须加入到与人交往的实践中，躲避人群而渴望获得友谊简直是天方夜谭。广结善缘，可以使我们开阔眼界，增长才干，丰富人生阅历，增添成就感，提高耐挫力，激发和巩固自信心，即使是陌生人，也有可能就是你的下一个朋友！

与陌生人见面，第一句话如何说

几乎每个高情商者都是深谙沟通技巧的交际高手。他们在和别人交谈的时候，能够一句话就抓住对方的心，深深地吸引对方。那些和他们交谈的人，不但愿意倾听他的讲话，还愿意主动配合，向其提供必要的信息。

究竟他们有什么本领能深深地吸引这么多人呢？是天生的吗？绝对不是。高情商沟通学告诉我们，要想让别人和自己进行有效的交谈，形成有益的互动，就要在见面的第一句话上下一番工夫。只要第一句话说好了，就能让对方消除心理屏障，在最短的时间之内与自己形成心理上的共鸣。

现代心理学认为，无论交谈对象是谁，第一句话应该传递出亲热、友善、贴心的信息。唯有如此，才能消除彼此的陌生感，让双方的交谈顺利地进行下去。

对此，我们不妨来学习一下，以下三种方式：

1. 问候式谈话

问候式谈话能够给人带来亲切感。现代心理学认为，简短的一句问候可以传递出三方面的重要信息：我把尊重送给你、我把亲切感送给你、我十分愿意和你成为朋友。当你将一句问候传递给对方的时候，就能够让对方了解到你的热情、风度以及涵养。

联邦探员詹姆斯常常坐火车去异地城市办案。在火车上，他会主动和其他旅客打招呼，“您好，您是去老家探亲的吧。”或者说：“您好，能不能把您的报纸借我看一下？”于是，他就和那些乘客们天南海北地聊了起来。在聊天的过程当中，詹姆斯了解了一些城市的情况，也收获了很多重要的线索，为最终的破案提供了很大的帮助。

在现实生活中，我们在说第一句话的时候不妨多说一些问候式的话语。多将“您好”作为问候致意的常用语。若能因对象、时间、场合的不同而使用不同的问候语，效果则更好。对德高望重的长者，应说“您老人家好”，以示敬意；对年龄跟自己相仿者，称“老 ×（姓），您好”，显得亲切。

2. 敬慕式的谈话

现代心理学认为，敬慕式的话语能给人带来贴心的感觉。不过使用这种谈话方式的时候要掌握一定的分寸，尽量做到恰到好处，不能肉麻地吹捧，在内容上也应该因时因地而异。比如：“您的急公好义在这个城市里是出了名的”“早就听说过您是一位著名的画家，没想到今天竟然能在这里一睹您的风采”，决不能用那些“久仰大名”“百闻不如一见”之类的陈词滥调。

现代心理学认为，谁都希望别人关心自己，重视自己，如果你能够找准对方谈话话题，对方就会对你产生好感，也就愿意和你交谈下去，提供你想要的信息。

有一次，探员吉姆想从一个作家那里了解一些线索。他见到这位作家时，并没有提和案子有关的话题，而是对他说：“你写的文章棒极了，我经常看你写的文章，有时候还会模仿你的写作手法写一些东西……”那位作家听后，非常感动，没等吉姆说，就将自己了解的情况全部告诉了他。

在生活中，我们和别人交谈时，不要过多地以自我为中心，而是要在言谈之中多说一些仰慕甚至是恭维对方的话。这样的谈话能够消除对方的敌视心理，拉近彼此间的关系。

3. 以攀认式拉近彼此的距离

现代心理学认为，面对任何一个素不相识者，只要是你愿意做一番认

真的调查研究，都能够从中找到一些或明或暗，或远或近的亲友关系。找到这种关系之后，就要有效地加以利用，及时地和对方拉关系，套近乎，如此一来，能迅速地缩短彼此间的心理距离，让对方产生亲切感。

那些深谙沟通技巧的高情商人士在和一些陌生人沟通的时候，都会尽力地和对方“套近乎”。比如：“你家是加州的，我的童年就是在那里度过的，说不定咱们小时候还是伙伴呢！”“你是华盛顿州立大学的硕士，我也是那里毕业的。今天遇到了校友，真让人感到兴奋啊。”这种初次见面就互相攀关系的谈话方式，能够让对方对你产生亲切感，减少拘束感，也能让其原意主动和你交谈。

实际上，和陌生人沟通并没有那么可怕，如果你选择躲避，将会一事无成。只要你能够采取主动的态度，热情地说好第一句话，亲切自然地和他们聊天，就能够赢得对方的好感，拉近彼此的距离。

投其所好，从对方的喜好开始谈起

在日常生活中，我们每个人都有自己的爱好和感兴趣的事，也都有自己擅长的事情，琴、棋、书、画，养花种草，甚至一些一般不提倡的事情，比如抽烟、喝酒等，也算得上是爱好。爱好是一个人的乐趣所在，就是通常意义上人们说的快乐，一般情况下，为了获得这种快乐，人们都会愿意付出人力、物力和财力，甚至是情感的投入。如果你能投其所好，就会与其成为朋友，而相反，你若冲撞他的爱好，轻则讨人嫌，重则让对方怒气冲天。尊重别人的爱好，可以赢得别人的喜欢，因此，在与人交往的过程中，

我们要学会投其所好，并且要对对方的爱好有一定的了解，这才会为你们架起成功沟通的桥梁。

拜访过罗斯福的人都惊讶于他的博学，因为无论你是政治家、哲学家、运动员、工人或小牛仔，他都能针对你的职业或特长与你交谈。其实这个道理很简单，当罗斯福知道访客的特殊兴趣后，他都会在前一天晚上预先研究这方面的资料，以此作为第二天交谈时的话题。因为罗斯福很清楚，抓住人心的最佳方法，就是谈论对方感兴趣的事情。

罗斯福这样做狡猾吗？不！谁不希望别人对自己最喜欢的事物感到兴趣呢？“说别人感兴趣的话，双方都会有收获”，谈论别人感兴趣的东西能够很容易拉近人与人之间的距离。

史蒂夫·鲍尔默曾经对手下的微软经理说：“不要成为一个喜欢泼冷水的人。”纽约著名银行家杜威诺则说：“我仔细研究过有关人际关系的丛书后，发现必须改变策略，我决定先找出这个人的兴趣所在，然后想办法激起他的热忱。”

当然，了解交际对象的爱好和兴趣所在，并不是曲意逢迎，民间有句话“千穿万穿，马屁不穿”，是指人人都喜好顺耳之言，这本身就是人性的弱点之一。但在与人交际的过程中，恶意的投其所好迟早会被对方发现，这无疑是给自己设下使人际关系路越来越窄的障碍。同时，我们也不要委屈自己去满足别人的快乐。

“有缘千里来相会，话不投机半句多”，两个意气相投的人聚到一起，总会有说不完的话。因此，即使与陌生人交往，我们也应该细心观察，多寻找别人的兴趣所在，这样，谈话的时候，才能寻找出更多的共同点，形成共鸣迅速拉近距离，增进情感。那么，具体说，我们该怎样挖掘别人的

兴趣和爱好呢？

1. 从对方关心的对象谈起

交谈时如能从对方十分关心的对象切入，也是一种投其所好的方式，有利于打开交谈局面。

2. 从对方最深切的情缘谈起

人是有情感的。交谈时，能从对方最深切的情缘切入，情深意切，往往能使其打开话匣子，达到交谈的目的。比如，你可以从对方的口音入手：“您也是 ×× 人吗？”

3. 从对方“在行”的话题谈起

常言道，三句话不离本行。人们都喜欢谈论自己在行的话题，因为它关系一个人的成败与荣辱。因此，我们与人交流时，要接近对方，可以从他最精通的话题谈起，常常能够引发对方的谈话兴趣，唤起对方的成就感，让他觉得与你有共同语言，有“酒逢知己千杯少”的感觉，交谈就会有好的结局。而对于你所熟悉的专门学问，对方不懂，也没有兴趣，就请免开尊口。

总之，与人沟通，要从心理的角度，及时抓住有力时机，投其所好，打开对方的话匣子。做到这一点，交谈就成功了一半。

巧妙寒暄，拉近距离

生活中，我们都需要与人交往，自然也就少不了沟通，然而，在沟通过程中，我们可能常常会出现这样的状况：大家似乎都不愿意主动开口而

导致了场面冷清、尴尬，此时，我们该如何是好？其实，如果我们懂得恰当的寒暄，就能处理好这一步，使交谈气氛迅速融洽起来，使我们结识很多有趣的朋友。

可以说，寒暄是冲破心理戒备障碍的有效方法。通常情况下，用轻松柔和的语气、缓和的语调讲出短短一句充满感情的寒暄语，就能够让对方的心情彻底放松。如此一来，就建立了一个良好的交谈氛围，对方也会知无不言、言无不尽，最后就会取得皆大欢喜的结果。

程前是一名销售新手，他主要销售的是女士保养品。他是个机灵的小伙子，但常常因为口无遮拦，得罪不少客户。

有一天，店里的老客户陈女士来了，陈女士和丈夫刚离婚半个月，但似乎心情也不差。

这位陈女士原本是店长的好朋友，程前便想过去套套近乎，就主动和对方打招呼："陈姐，最近皮肤保养的不错啊。"

"哪里有？你真是说笑了。"

"我可没开玩笑，比你没离婚的时候还好呢！"程前一说完，陈女士的脸色马上就变了。这一点，程前也感觉到了，为了挽回自己的过失，他准备弥补一下。

"你看我这乌鸦嘴，其实，离婚了也没什么不好，您还拿到了一大笔孩子的抚养费，这也不错。"这话不说倒好，程前一说出口，对方的脸色更差了。程前知道已无法挽回了，也不再作声。后来，这位陈女士再也没来过店里购买保养品。

遇到老客户，自然需要寒暄一番，若视若不见，不置一辞，难免显得自己妄自尊大。但很明显，程前的寒暄之语却适得其反，得罪了客户。可见，

我们在与人寒暄的时候，一定要考虑对方的心情，不可胡乱寒暄。

当然，寒暄并不是谈话的主题，只是进入正题的铺路石。要想让寒暄正确地发挥作用，不变成废话，我们就应该掌握必要的分寸，既不能没完没了地嘘寒问暖，也不能虚情假意地说几句简单的客套话。过度的寒暄，会让人在不知所云之际再度产生防范之心，简短的寒暄则和没说一样，不能起到应有的作用，对过渡到谈话正题难以产生促进作用。

现代心理学告诉我们，寒暄并没有固定的模式，一般情况下只需注意以下几点即可。

1. 要保持愉快的心情

实际上，那些深谙交际心理的人，他们无论内心出现多么大的波动，都很少会在脸上表现出来。他们不愿意让自己的心情感染到别人。因此，在与人谈话的时候，他们都能让自己保持一份愉快的心情。因为他们知道，只有表现出愉快的心情，才能让自己在谈话中占据主动地位，让对方了解自己的真诚。

他们还认为，保持愉快的心情是尊重别人的一种表现形式，它可以让对方感受到你对他的尊重。另外，愉快的心情还能表现出一个人的自信与从容，能够形成强大的吸引力，也能够建立起融洽的人际关系，使彼此都不再紧张。

愉快心情下的寒暄可以表现最大的善意。比如，满脸微笑地说一句“您好，感谢您在百忙之中为我们提供帮助”这样的寒暄方式就会让对方感到热情、亲切、温暖，自然也就愿意为你提供有效的信息。与之相反，冷若冰霜地说一句“来了，坐吧”就会让对方徒增厌恶，不愿意再和你交谈下去，更遑论配合工作了。

2. 要选择一个恰当的时机

现代心理学告诉我们，寒暄时要选择一个恰当的时机。在打招呼之前，首先要分析一下对方当时的心情，然后再决定说寒暄语的方式。比如对方的心里有些不痛快，你从其面部表情上就可以判断出来，此种情况下打招呼，声音不要太大，语言也不要太热情，要低声；或用询问式的语言，同时用安慰的语气来和他寒暄。

如果对方脸上喜气洋洋，你便可热情地打招呼，使对方感觉到温暖，进而展开话题。

如果面对的是女士，语言可以热情一些，但不能太过分，也不能开一些出格的玩笑，否则的话，对方就会觉得你太轻薄。

3. 要注意内容的恰当

生活中，我们常要和陌生人打交道。那些深谙沟通心理学的人，在和陌生人见面几分钟之内，一般情况下并没有太多的话题可聊，所问的问题几句话就能讲清楚。因此，在这个时候，他们通常都会做一般性的寒暄，比如问候、互通姓名、谈论一些无关紧要的话题等，很少会扯一些漫无边际的话题，也不会让寒暄耗费太多的时间。

当然，寒暄是为了突出自己的真诚，可以谈一些触景生情的话。毕竟，如果没完没了地问一些籍贯、住址、身世等话题，就容易造成一种审讯的假象，极可能引起对方的反感。因此，我们要善于拓展话题，看到什么谈什么，这样既显灵活又可增进彼此间的关系。

另外，现代心理学还告诉我们，寒暄言语的长短、内容的繁简、往复的次数多少要与交谈双方关系的亲密程度成正比。如果我们面对的是一个熟悉的人，寒暄的话不妨多说一些，因为那样更能显示出彼此之间的关系，

建立起更和谐的交谈氛围。

谈谈自己的糗事，增添你的亲和力

生活中，我们不少人对那些精通沟通技巧的高情商人士充满了好奇，认为他们是精明干练、十全十美、高高在上而又喜怒不形于色的人。其实，真正接触过他们的人却并不这样认为，他们不是超人，也不是生活在神话里的人，而是一个个活生生的、有血有肉的人。也正是因为如此，他们才得到了大多数人的信赖与支持。

在和别人接触交谈的时候，他们能够把真实的自己呈现给对方，很少会把自己打扮成一个十全十美的人。在必要的时候，他们还会谈一些自己的“糗事”来博得对方的好感。因为他们知道，把自己打扮得越完美，就越会拉开和别人之间的距离，很难取得他人的信任。

有一次，记者采访一名刚刚破解了一个大案的警官“在和犯罪分子交手的时候，你感到害怕吗？”许多人都认为这名警官一定会回答说：“没有。”但是没想到他却说：“害怕过。就拿这次来说，如果有机会的话，我就逃跑了。但当时的条件不允许，我不得不拼了性命和他们进行打斗。要不是想着赶紧离开现场的话，或许我就被他们打死了……”记者们听到他的回答，都轻松地笑了起来，同时，也都觉得这位警官非常可爱，是一个可信任的人。

很多人都会有这样的担心：自我暴露出缺点、弱点，向他人展现自己的隐私，讲出自己的“糗事”，很可能会让对方看不起自己，疏远自己。其实，这种担心是多余的，从这名警官的故事中我们不难看出，说出自己的“糗事”

不但没有任何的负面作用，反而还会让人感觉到你是一个诚实的人，同时，也会更加喜欢你和信任你。

在社会交往中，适当地透露一下自己的“糗事”，是一种拉近彼此关系获得他人信任的处事技巧。乐意让别人分享自己的不足，就等于是乐于向别人推心置腹进行交谈，因此，也就能够很好地吸引别人，获得别人的好感。

人之相识，贵在相知；人之相知，贵在知心。一个从不表现个人信息、情感和想法的人，会给人一种不真实的印象，也就会让人心生隔阂，产生戒备。很多人都会有这样的感受：自己推心置腹地和别人讲述个人真情实感的时候，对方却顾左右而言他，打“太极拳”，不和你交心，这对于陈述者来说，就会感到非常不舒服，对那个闪烁其词的人也就难以产生亲切感和依赖感。反之，当一个人向你详细地陈述内心的真实感受，毫不忌讳地说出自己的“糗事”时，你就会觉得这个人对你非常信任，你就会在感动之余对他充满好感。

有一个心理学家曾经说过：“要想换取别人的信任，首先就应该让人了解到真实的自我，这样的人在心理上才是健康的。”因此，在和同事相处的时候，你就不妨向对方袒露一点自己的隐私，讲一些无关紧要却诱惑力十足的“糗事”，这样就能赢得别人的心，换取他人对你的信任。

当然，凡事都应该有个度，在透露个人“糗事”的时候，也应该掌握一定的界限，绝不能把自己装扮成他人的笑料；否则，就有自轻自贱之嫌疑，也会让别人看不起你，更会给他人留下一些嘲笑捉弄你的把柄。因此，在向别人透露个人“糗事”的时候，我们应该掌握以下两点原则。

1. 透露的信息量要适当

一个从不表露自己内心想法的人，很难和别人建立密切的关系；而一

个总是向别人灌输过量信息的人，也不会引起别人的好感。因为，喋喋不休地讲述自己遇到的种种尴尬或者难堪之事，很可能引起他人的审美疲劳，也可能会引起他们对你的轻视之心和侮辱之举。因此，在讲个人隐私、透露“糗事”的时候，要做到恰到好处，既不能没有，也不能太多。

2. 提供的信息最好和别人的生活和性格相近

“糗事”虽然是自己的，但在透露隐私的时候最好选择和别人的生活相近的信息，换句话说，就是讲一些别人也曾经有过的类似的“糗事”。这样做有两方面好处：第一，避免了授人以柄，毕竟，这样的事情谁都碰到过，别人不可能因为你的“糗事”而嘲笑你，因为他也有类似的经历，在这些事情上并不存在优越感和批评权；第二，可以迅速拉近双方的距离，让对方将你引为知音。当别人得知你们的“尴尬遭遇”相似时，就会觉得两者之间在性格上有很多相似的地方，心理上也就自然而然地愿意和你更进一步。如此一来，交谈双方的感情就能迅速升温了。

巧妙表达相似与共鸣，激起对方的说话欲望

中国人常说：“一回生两回熟。”这句话的意思是说，人与人之间，总有个从相遇到相识、相知的过程，即使是陌生人，经过一番了解，也会成为朋友。的确，在家靠父母，出门靠朋友，人生路上，关键时刻朋友的帮助能让我们脱离险境，能让我们飞黄腾达，这也已经是无数成功者的切身体验和宝贵心得。一个情商高的人，一般都能做到处处受欢迎，事事得到他人帮助，毫无疑问，这样的人，在竞争激烈的现代社会一定会多几分

胜利的把握。那么，朋友从何处来？很简单，从陌生人而来，然而，并不是所有人，都能与陌生人结交，但高情商的人都懂得一点：在与陌生人沟通时，一定要多提彼此之间的相似之处，以此激发对方的谈话欲望，这样，能拉近彼此距离，促进沟通。

1984年，美国总统里根前来中国访问。在中国官员的陪同下来到了复旦大学，在一间大教室里做演讲。几百个陌生的面孔对这位蓝眼睛黄头发的异国总统充满了好奇。里根总统和这些黄皮肤黑眼睛的学子们完全是两个世界的人，但是，他的第一句话就激起了同学们的兴奋，使大家对这位他乡来客充满了亲切的感觉。他这样说道："其实，我和你们学校有着密切的关系。你们的谢希德校长同我的夫人南希，都是美国史密斯学院的校友呢。照此看来，我和各位自然也就都是朋友了！"此言一出，几百个人的大教室里爆发出一阵热烈而又持久的掌声，学生们都把他当成了十分亲近的朋友，没有了陌生的感觉，抵触的心理。接下来，双方的谈话就十分的融洽宽松了。几个小时的谈话过程，充满了笑声，双方都感到十分满意。

里根总统无疑是交际场中的高手，能够从互不认识的人中寻找他们的共同点，从双方的共同点之中切入话题，拉近双方的心理距离。打开一个良好的谈话局面，塑造一个融洽的氛围。

的确，和陌生人谈话是口语交际中的一大难关，处理得好，可以一见如故，相见恨晚；处理得不好，又能导致四目相对，局促无言。而从这一事例中，我们发现，要想打动陌生人的心，就必须抓住双方的相似点说话，让对方从心里把你当自己人。

人与人之间在性情和志趣上虽然存在着差异，但也有相同之处。从心

理学角度看，相同则相通，共同的兴趣和爱好能将人拧在一起，共同的目标和志向能使人走到一块。所以，我们在与陌生人交谈的时候，能不能让对方产生一见如故的感觉，关键就在于双方是否能在相同之处产生“共鸣”。只有这样，才能把握陌生人的心理，与陌生人迅速熟络并建立友谊。

为此，我们可以从以下几个方面寻找共同点，针对不同的共同点，采取不同的表达方式：

1. 以话试探，侦察共同点

为了打破和陌生人交谈沉默的局面，开口讲话是首要的，有人以招呼开场，询问对方籍贯，身份，从中获取信息；有人通过听说话口音，言辞，侦察对方情况；有的以动作开场，边帮对方做某些急需帮助的事，边以话试探；有的甚至借火吸烟，也可以发现对方特点，打开口语交际的局面。这种试探的方式，都能迅速找出与对方的共同点，然后围绕此共同点迅速和陌生人展开话题。

2. 听人介绍，猜度共同点

你去朋友家串门，遇到有生人在座，作为对于二者都很熟悉的主人，会马上出面为双方介绍，说明双方与主人的关系，各自的身份，工作单位，甚至个性特点，爱好等，细心人从介绍中马上就可发现对方与自己有什么共同之处。

而这个共同处，就是你打开陌生人心扉的突破口。你要迅速抓住这个突破口，展开交谈。这当中重要的是在听介绍时要仔细地分析认识对方，发现共同点后再在交谈中延伸，不断地发现新的共同关心的话题。

3. 揣摩谈话，探索共同点

为了发现陌生人同自己的共同点，可以在需要交际的人同别人谈话时留心分析，揣摩，也可以在对方和自己交谈时揣摩对方的话语，从中发现共同点。比如，假如你发现有人和你讲共同的家乡话，你可以以此为突破口，以乡音带动对方的谈话兴趣，使陌生的路人变为熟人，甚至发展成为朋友。

4. 察颜观色，寻找共同点

一个人的心理状态，精神追求，生活爱好等等，都或多或少地要在他们表情，服饰，谈吐，举止等方面有所表现，只要你善于观察，就会发现你们的共同点。当然，察颜观色发现的东西，还要同自己的情趣爱好相结合，自己对此也有兴趣，打破沉寂的气氛才有可能。否则，即使发现了共同点，也还会无话可讲，或讲一两句就“卡壳”，打动对方更是无从谈起。

另外，我们在与陌生人说话的时候，还要懂得求大同存小异，把相互间相左的性格特点放在交谈的次要位置。譬如，交际的双方都有文学爱好，喜欢写文章，但双方却存在着较大的个性差异。这种情况，就要选择前者作为交际的出发点，以共同的爱好来产生“共鸣”。若丢弃了共同的爱好而在不同的个性上去互相指责或计较，就会使本该合得来的双方变得“合不来”。

总之，与陌生人交谈，我们应该多看到别人与自己的共同点，而不应该去计较与自己不同的方面，只有这样，才能跟人“合群”，才能叩开对方心灵的大门！

高情商沟通之表达力练习：言之有物的语言才更有感染力

现实生活中，一些人总是感叹自己所说的话没有威信和震慑力，甚至经常会让听者感到无趣、昏昏欲睡。其实，这一问题很大程度上与你的说话作风、语言习惯有很大的关系，一个高情商者在沟通的时候说话是有力度的，犹如大珠小珠落玉盘般起到引人入胜、催人奋进，让人警醒的目的。因此，任何一个人，都需要修炼自己的说话风格和方式，不断提高自己讲话的水平，在面对各种对象之时，都可以树立超凡出众的形象和应有的权威，以使得自己始终掌握全场气氛。

训练迷人嗓音，先声夺人

有魅力的声音会带给我们不一样的运气，人们常说“未见其面，先闻其声”或者“先声夺人”，可见迷人的嗓音是我们不可多得的优势。再者无论多美妙的语言都要宣之于口才能给人怡人之感，如果声音难听或者语调平板、节奏混乱、语气不善，即便再好的口才也会让人反感。

有时候，悦耳的声音往往比深刻的思想更重要，一个歌唱家，即使是无歌词的呢喃，也足以让人入迷，“工欲善其事，必先利其器”，想要别人有耐心倾听你的谈话，就要让自己拥有柔美动听的声音，抑扬顿挫的语调，让更多人愿意听你说话。

事实上，我们在与人沟通过程中所说的每一句话，既向对方传递着信息，又是在表达个人的思想观点。要想达到我们想要达到的沟通目的，不仅要在语言的组织形式上下一番工夫，更需要在声音上进行必要的整顿。因为往往很多时候，一个精辟的见解，经过严密的思维和美妙的辞藻表达出来并不能产生理想中的效果，既不能让对方对我们所要表达的信息有一个完整的把握，又无法让听众对我们的思想有一个正确的了解。造成这种现象的原因，就是因为我们在说话的时候音质出现了缺陷。如果音质上面出现了缺陷，就会让我们的口才大打折扣。

可能生活中的你会羡慕别人完美的音质，觉得他们的声音是自然天成。其实，那些声音中充满了美感的人，并非是在口才上有着高人一等的天赋，而

是经过了不断的努力取得的成就。打一个不恰当的比方：人们常说“这个世界上并没有丑女人，只有懒女人”，意在说明打扮的重要性。其实，需要打扮的并不只是容貌，我们的声音也需要经过一个长时间的美容过程。我们常常为了拥有健美的身材而刻意锻炼自己，同样的，为了一个美妙的声音也要付出一定的努力。假如你想要完善自己的发音技巧，可以从以下几个方面入手：

1. 拥有自己独特的音色

每个人的音域范围都是很广阔的，试试自己高低音的不同，找到自己听起来最舒适的音高，就能形成最独特的音色。并不是所有的人都适合沙哑的低音，只有与自己性格、形象统一的声音才能形成自己的风格，让人感觉舒适。在自身音调的上下限之间找到一种恰当的平衡，加上口腔、鼻腔、胸腔形成共鸣，就能让声音听起来更华丽且富有变化。

2. 发音准确

每一个词语都是由最基本的语音单位组成，音调不准确，说出的话就会怪声怪气，比如某些外国人说中文，吐字发音不清晰或者结巴、反复，不但影响自己的形象，而且有碍于表达自己的意思，不能充分展示自己的思想和才华。

3. 语调要富于变化

音调强调的是单一词语的声调，语调是某个句子的声调变化，同样的一句话不同的语调可能表达出截然相反的两种意思。语调反映的是一个人的内心世界，他的情绪和态度，语音语调里含有很多感情成分，有时候掌控好了语调比选择恰当的词汇更加重要。另外，平板的叙述没有人会特别注意，而兴致勃勃、语调丰富的话语，即使是一件平淡的小事，也可能引起人们的兴趣，这就是为什么有些人虽然话题简单，但人们往往听得兴致

勃勃的原因，因为她的语调和情绪感染了对方。有研究证明，使用上扬语调易给听者造成悬念，提高对方兴趣，初次见面不妨多加使用，但切忌持续时间过长，否则会引起疲劳；降调能表现说话人的果敢决断，表现自信，做决定时应多运用。

4. 音量和语速都要适中

音量过大过小都会让人不舒服，在对方能够听清的范围内，声音要轻一点，可以表达对对方的尊重，同时，轻声细语是魅力气质的一种表现。语速也一样，语速太快如同音调过高一样，会给人以紧张和焦虑之感；语速太慢，又会令人有焦躁沉闷之感。在不同的场合运用不同的语速，可以表达你的自信和优雅，会议、谈判等场合语速要稍快一点，个人聚会、聊天语速不妨放慢一点。另外不疾不徐、语速舒缓可以缓解对方的焦躁情绪，同时也是一个人优雅大方的最好表现，你的语速最好不要太快。

拥有迷人的声音，也就拥有了一项特别的魅力，让人很容易喜欢上你的声音，你会更受欢迎，说出的话也会更容易被人接受。

抑扬顿挫的语调让你的声音更动听

希腊哲学家苏格拉底说：“请开口说话，我才能看清你。”人的声音是个性的表达，声音来自人体内在，是一种内在的剖白，因此，你的声音中可能会透露出畏惧、犹豫和缺乏自信，也可以透露出喜悦、果断和热情。我们说话的声音，也必须和音乐一样，只有渗进人们心中，才能达到与人沟通的目的。

人们常说，语调是语言表达的第二张“王牌”，口语表达的重要手段，它能很好地辅助语言表情达意。什么是语调？语调，就是说话的腔调。从严格定义上说，语调应表述为整句话和整句话中某个语言片断在语音上的抑扬顿挫，包括全句或句中某一片断的声音的高低变化，说话的快慢（即音的长短和停顿）以及轻重等。在语言表达中，语调往往比语义能传递更多的信息，能对听者的心理产生极其微妙的特殊作用，因此也更为重要。

与人沟通的过程中，如果我们的语调从头到尾都是平的，对方就会觉得很枯燥。就像听歌，假如一首歌从播放开始，就是同一个调子，人们自然没有想继续听的欲望，而假如这首歌抑扬顿挫、旋律优美，对方就觉得是在享受一段音乐。所以，谈话过程中，如果你的语调一直没有任何波动，那么，对方也就失去了兴趣。

在波兰，有位被人称为摩契斯卡夫人的女明星。

有一次，她到美国参加演出，台下的观众兴致高涨，希望她能用波兰语念台词，听到观众的邀请，她站起来，开始用“流畅”的波兰语念出台词。虽然观众们根本听不懂波兰语，但却听得很认真，也非常愉快。

摩契斯卡夫人接着往下念，随着台词中情节的变化，她的语调渐渐转为低沉，最后在慷慨激昂、悲怆万分时戛然而止。顿时，台下的观众鸦雀无声，同她一起沉浸在悲伤之中。而这时，台下传来一个男人的笑声，他就是摩契斯卡夫人的丈夫—波兰的摩契斯卡伯爵，因为他的夫人刚刚用波兰语背诵的是九九乘法表！

从这个故事中我们可以看到，语调竟然有如此魅力。如果我们能巧妙地利用语调，即使听众不明白你演说的具体含义，也可以使之感动，甚至可以完全控制对方的情绪。

的确，我们在与人沟通的过程中，只有把你的话说到对方心中，才能产生良好的沟通效果。同样一句话，由于语调轻重、高低长短、急缓等的不同变化，在不同的语境里可以表达出种种不同的思想感情，一般来讲，表达坚定、果敢、豪迈、愤怒的思想感情，语气急骤，声音较重；表达幸福、温暖、体贴、欣慰的思想感情，语气舒缓，声音较轻；表示优雅、庄重、满足，语调前后尽弱中间强。只有这样，才能绘声绘色，传情达意。

然而，很多人在与人交流的过程中，并未意识到自己的语调有问题，反而自我感觉良好，或者他们认为语调和嗓音一样，都是天生的，实则不然，任何一种说话习惯都是逐渐养成的，只要我们愿意主动纠正这些不良的说话习惯，势必会取得一定效果。那么，我们该如何控制好自己说话的语调音色呢?

1. 掌握富有特色的各种句调

一句话之所以富有表现力，是因为它富于变化性——高低不同，快慢不一。而声音的高低取决于声带的松紧，声带拉紧，声音就变高；声带放松，声音就变低。声带的松紧是可以控制的，因此，声音的高低也是可以改变的。于是便有了句调的概念，一句话声音的高低变化叫做句调。句调是语调中主要的内容。句调可分升调、降调、曲调、平调四种。升、降、曲、平四调，各具特色。只有掌握了句调的特点，才能灵活地表达出各种句调。

因此，我们说话时，要使我们的话如同音乐一样动听，就要注意快慢高低。比如，在表示有疑问的时候，你可以稍微提高句尾的声音；要强调的时候，声音的起伏可以更大些；要表现强烈的感情时，可以把调子降低或逐渐提高。

2. 让你的语调抑扬顿挫

语调越多样化，越生动活泼，其吸引力就越大。分寸感是语调正确的首要条件。每句话都可以用不同的语调来说，但不同的语调给对方的信息

刺激也是不同的。这一点，我们在销售过程中也尤其要注意，比如，同样一句话，由于语调不一，就可能给人不同的理解，文明语言可能揭示不尊敬对方的信息；相反，有些不礼貌的语言在非常亲近的人当中，却给人揭示了一种亲密无间的信息。这要视客户的性格和具体的谈话环境而言。

总之，语调对于有声语言的表达效果有着重要的作用。语调不仅能成功地表达一个人的心理和性格，还可以表达说话者微妙的感情。不同的语调，将导致对方产生不同的感觉效果。一句话起什么作用，产生什么效果，给对方什么感受，取决于我们说话的语气和语调。

沉郁有力的声音更能给对方以信任感

生活中，与他人交流的时候，我们可能都有这样的感受，如果对方说话掷地有声、字字清晰，那么，我们便认为他的话是值得信任的，而相反，如果对方说话中气不足甚至言辞闪烁，那么，我们便会怀疑其话语的可信度。而同时，说话沉郁有力是一个人有自信心的表现。另外，在与他人沟通的过程中，自信心尤为重要，而说话的自信一般体现在说话的音量上，一个说话掷地有声、不卑不亢的人，才能清晰、准确地传达出自己的观点，才能让对方接受你的观点。

我们每个人在说话时总是会呈现不同的语言特色，对于那些说话底气十足的人，人们会觉得他有能力且心理素质好，容易对他产生信赖。因此，与人说话，不仅要从容大方，还要提高自己的音量，说话要有底气。

那么，我们如何使对方愿意听我们说话且达到让对方信任的效果呢？

1. 把控好音量，大小适中

音量是指声音的强弱、大小。一些人在与人说话的时候，控制不好自己的音量，造成了两种极端，一种是音量过大，会造成身体能量消耗大，又不能恰当地表明自己的含义；另一种是音量太小，是一种不自信的表现，也不容易让听者听清含义。

正是因为有以上两种情况的出现，音量的把握为此也需要一定的训练，在训练的过程中要注意几点：

无论你处于什么样的场合下，音量都要适中；

要遵循一个原则，讲话时要让对方毫不费力地听清，因此，如果空间大，人数多，可适当提高你的音量；

要根据说话的氛围和情感基调来确定你的音量；

根据朗诵内容的长短来确定音量的大小。朗诵内容较短。一般来说，音量可以稍大，如果内容较长，一般来说，音量可以稍小。这样做的好处是保护自己的嗓音，因为长时间大声说话会使嗓音嘶哑。

2. 吐字清晰

清晰的发音习惯会让你的声音变得更动听，为此，你必须要改正咬字不明的缺点。

3. 语言中肯，语气肯定

说话时不要迟疑不定、吞吞吐吐，要中肯、自信、果断，这样要尽量少用一些不确定性的词语，诸如“大概、也许”等，便可以有效地增加对方对你的信任程度，成功的概率自然就会相应地增大。

4. 避免繁琐、唠叨

重复说同一句话或一直表达同一个意思，是不自信的表现，也会让对

方产生不耐烦的情绪，为此，在说话前，你需要先整理自己的思路，用最为简洁、清晰的词语来表达自己的观点，进而在较短的时间里给对方一个清晰的概念，使对方感到愉快。

5. 大方、自信的微笑

身体语言中最能打动人的莫过于微笑，如果你性格内向，那么，不妨经常锻炼一下自己的脸部肌肉，经常对着镜子笑一笑，逐渐使自己的面部表情丰富一些。

总之，人们要求以声音为主要表现方式的语言，既要能准确地表达出丰富多彩的思想感情，又要让对方产生信任感。为此，说话过程中，应根据说话的内容，把握说话的力度，做到沉郁有力，以使人感到音节抑扬顿挫。

有感染力的声音才能带动听者的情绪

现实生活中的很多人都感慨自己口才不佳，在与人沟通的过程中，很多时候，无论他们怎么努力劝说，似乎对方都不感兴趣，其实，问题很可能出现在你的声音上，你向对方传达的最直接的载体就是你的声音，如果你的声音有感染力，将对对方产生有利的影响。

然而，通常情况下，不少人说话都是极其枯燥的，那么应怎样来很好地调动对方的情绪呢？这就需要我们善于围绕主题展开话题，使自己的表达富有感染力，成功地调动对方的积极性，无疑，这样的沟通是成功的。

三年前，李娜还是这家咨询公司的市场推广员，而现在，她已经做到了培训经理的职位。在销售行业的成功，得益于她出色的口才。公司的同

事都说她的声音很好听，那么婉转、动听，让人听着很享受。

一次，她被派到日本的分公司进行培训工作。报道的第一天，日本的公司代表们就盛情邀请她演讲。当时，不会日语的她直接用汉语演讲。但她的日本同事似乎都听不懂汉语，虽说不了解她台词中的意义，却觉得听起来令人非常愉快。

李娜接着演讲，语调渐渐转为低沉，最后在慷慨激昂、悲怆万分时戛然而止。台下的观众鸦雀无声，同她一起沉浸在悲伤之中。而这时，台下传来一个男人的笑声，他是陪同李娜来日本的助理，因为李娜刚刚用汉语背诵的是一首中国的古诗，并没有演讲什么销售经典。

案例中，我们发现，一个人仅凭声音便可以感染他人，甚至可以完全控制对方的情绪。在与人沟通的过程中，如果我们也能让自己的声音更有感染力，那么，就能掌握谈话的方向，让对方最终接纳我们的观点和想法。具体来说，我们可以这样努力：

1. 让对方感觉到你的热情

在与对方交流时，如果你语言死板，不苟言笑，对方是不会被你打动的，也就是说，你没有热情，他们也会失去热情。为此，你需要时时提醒自己要保持热情。因为热忱是这个世界上最有价值的，也是最具有感染力的一种情感。

当然，太热情了也不好，因为凡事都应有个适量。人是有差别的，有的人喜欢跟热情的人交流，有的人却不喜欢跟太热情的人打交道，这是跟人的性格有关的。

2. 说话简洁、清晰

清晰的发音可以充分表达自己的专业性。我们说话一定要自信、简洁、清晰，不要罗嗦，不要说一些无关紧要的话，反复重复自己的话更是不自

信的表现。为此，在说话的时候，你需要先把你想说的要点想清楚，整理好自己的思路，用简洁、清晰的话来表达清楚自己的观点，在较短的时间里给对方一个清晰的概念，会使客户感到愉快。

3. 把握好语速

在增强声音感染力方面有一个很重要的因素，就是讲话的语速。如果我们说话语速太快的话，对方不容易听清楚你要表达的内容，而且太快的语速还会给对方一种紧张感和压力感。可是，如果语速太慢的话，会给对方以罗嗦、拖沓的感觉。而且语速太快或者太慢的说话速度都不容易激发对方参与到谈话当中的积极性，这样将大大不利于你们彼此之间的沟通。

4. 控制好音量

音量的高低能够反映一名电话销售人员的素养。音量太小，则显得你信心不足，说服力不强。而说话自信，并不是要我们趾高气扬，因为音量太大、音量过高容易给人一种缺少涵养的感觉，会造成太大的压迫感，使人反感。

5. 善用停顿

我们在与对方的沟通中，一定要善用停顿。例如在你讲了一分钟时，你就应稍微停顿一下，不要一直不停地说下去，直到谈话结束。因为你讲了很长时间，但是你不知道对方是否在听，也不知道对方听了你说的话后究竟有什么样的反应。适当的停顿一下就可以更有效地吸引对方的注意力。对方示意你继续说，就能反映出他是在认真地听你说话。停顿还有另一个好处，可以给对方一个考虑的时间，也让他知道你非常在乎他的感觉，对他的反应很重视，这样比你喋喋不休的效果会好很多。

6. 自信、愉快的笑声

身体语言中最重要的就是微笑。如果你是一个内向的人，不妨经常抽出一些时间来对着镜子笑一笑，早上起床时也可以对着镜子笑一笑，逐渐让自己的面部表情丰富一些。

所以说，好口才离不开富有感染力的声音，如果你能做到以上几点，在沟通过程中，一定更易打动对方！

说话言简意赅，令你气场强大

生活中，我们发现一个现象，那些高情商者往往具有一个特质——气场强大，而他们通常在说话方式上都有一个特点，他们无论是在下达指令还是发表演说，都言简意赅，辞藻绝不拖沓冗长。从心理学的角度看，人们对于简洁有力的话语有更深刻的理解。少即是多，短即是美。简洁为上策！我们来仔细看看圣经的主祷文，一共才 58 个词。如果多加几个字，它会更加有力吗？美国林肯总统的盖茨堡演说一共是 226 个字。事实上，在盖茨堡的这场演说，林肯只讲了 2 分钟。毛泽东主席在开国大典上的讲话让每一个人印象深刻的也就是那么几句话。

如果你花很长的时间才说到重点，更有甚者，讲到不知所云，即使听众尽力保持礼貌，眼神也会开始涣散。我们应该从伟大的沟通者身上多多学习。少说一点，听众就会多记住一点。当你真正做到简洁扼要，你的讯息就会显得意味深长。它还表示你还有事情要忙，有人要见，有地方要赴约，简单的语言更凸显你讲的内容的珍贵，从而令你的气场强大，

而事实上，很多人在与他人沟通的时候，由于心情紧张或者急于想表达自己的说话意图而忽视自己的表达方式。但越是慌慌张张地表达自己的

意图，语言组织就越是错误百出，结果与对方沟通起来就越吃力。因此，说话啰嗦给对方的印象常常是非常糟糕的。

我们先来看看下面一个销售人员和客户的对话：

销售人员：“这位小姐您好，我是这家店的导购员，很高兴为您服务。”

客户：“你好！”

销售人员：“我看你的皮肤好像不怎么好，一定要选套适合自己的保养品。”

客户：“哦”

销售人员：“你的皮肤这么差，那些价格低劣的保养品，肯定不能用。”

客户：“嗯”

销售人员：“我们店的产品，肯定能让你的皮肤焕然一新，首先，他采用的是纯天然的原料，不会含任何伤害肤质的成分；其次……”

客户：“对不起，我今天还有点事，回头有时间再来吧。”

的确，喋喋不休、夸夸其谈是销售员在接近客户的过程中最容易犯的一个错误，同时也是销售的大忌。

最会说话的人永远是言简意赅的人，他们所说的那些最有效的话，往往简单明了、简洁有力；而那些最愚蠢的说话者常常因为过于复杂——想得复杂、说得复杂，让人一头雾水，才造成理解上的误会，沟通上的困难。

语言表达的简洁，就是话语力求简练，不能啰唆重复，不要说多余的话，它反映了量的要求；明晰，就是要把意思表达清楚，使对方准确理解其含义，它含有效果方面的要求。简洁明晰的语言表达，就是以最少的语言传递最多的信息。那么应该怎样将观点简洁明晰的表达出来呢？你需要注意以下几点：

①要表达必要的信息，使用相应的简练词句，没有多余的信息。

有些人讲话滔滔不绝，其实絮絮叨叨，繁复冗长，这是一种令人生厌的恶习，应去之为快。

②无重复，即不说重复啰唆的话。语言表达应言简意赅，举例精要，措辞精炼，思路清晰、不说套话、空话与口头禅；

③要正确使用词语，表达明确。忌用那些令人费解的词语，防止误解，避免歧义。说话不要吞吞吐吐，说一些似是而非的话，要一是一、二是二，把要表达的意思说清楚。

简洁明晰地表达观点可以使对方获得你话语中表达的准确信息，你在与他人沟通时要记住以下几个要点：

①简短的言语更有力；

②抓住所要表达观点的核心；

③言语表达有条理，分清层次；

④正确使用词汇，表达明确。

总之，言简意赅往往比喋喋不休更有说服力，也更有影响力。简洁明晰地表达出自己的观点让你更有气场。因此，我们与人沟通，应尽可能地用最清晰、简明的语言使对方获得想要知道的相关信息。

说话有气力更有震慑性

现实生活中，很多人都为自己说话缺乏震慑力和分量而苦恼，其实，要想打动别人，不只要掌握语言技巧，更要训练我们的表达能力，高情商沟通学认为，说话有分量，才能让你说的话更有说服力。而要让你的话语

更有分量，就必须在你的声音中加入更多的气力。

现实生活，“被吓破胆”的情况是不会出现的，但我们还可以发现一个人说话底气十足对听者的心理作用。一个说话底气十足的人往往比那些说话轻声细语的人更有威力和震慑力。但这并不是说，声音的强度越大越好，一般来说，最佳的语音是：

①吐字清晰，节奏自然，语气得当；

②声音悦耳动听，清澈洪亮，气力十足；

③区分轻重缓急，随感情变化而变化；

而相对于以上三点而言，人们在说话时却常常出现这些毛病：声音或飘忽不定，或音量过高，或音量过低，或生硬呆板，没有表现力等。所有这些，都会影响听众对你所说内容的理解。

可见，我们沟通的语言从口语表述角度看，必须做到发音正确、清晰、优美，词句流利、准确、易懂，语调贴切、自然、动情。

下面是几个帮我们训练我们说话气力的小技巧：

①降低喉头的位置：放松你的喉部，并不断放松；

②感受胸腔共鸣：你可以微微张开你的嘴巴，降低喉部位置，声带一张一合，慢慢体会胸腔的震动；

③打牙关：所谓打牙关，指的是不断地张合槽牙，此时，用手去摸耳根前大牙的位置，看看是否打开了。然后发出一些元音，如“a”，感觉感觉自己声音的变化；

④提颧肌：面带微笑，嘴角微微向上翘，同时感觉鼻翼张开了，试试看，声音是不是更清亮了；

⑤挺软腭：打一个哈欠，顺便长啸一声。当然，你需要注意周围有没有人。

生活中，人们在说话时总是会呈现不同的语言特色，对于那些说话底气十足的人，人们会觉得他有能力且心理素质好，容易对他产生信赖。因此，沟通中，我们不仅要从容大方，还要提高自己的音量，说话要有底气。

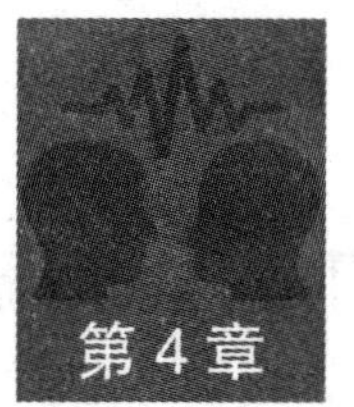

高情商沟通之修辞运用：形象化的描述让沟通更有成效

我们可以说，口才是一个人情商高低的最佳显现，然而，任何一个人，要想具备高超的沟通能力，还必须要掌握说话的技巧，其中尤为重要的是注意和看重修辞手法的运用，修辞手法的巧妙运用，能够增加语言表达的艺术效果，使得干涩的语言和抽象的道理更生动、形象、鲜活，使听者理解起来更容易，从而在潜移默化中接受你的观点。

比喻让我们的语言表达更炫丽

中国是一个语言文化知识底蕴丰厚的国家，自古以来，人们就善于将平淡无奇或晦涩难懂的语言经过修饰后变得形象生动或易于理解等。然而，一些不会说话的人常常抱怨自己语言干涩无味，让人听之昏昏欲睡，更没有继续交谈的欲望。其实，如果他们能巧妙运用比喻的修辞手法的话，就能立刻让表达炫丽起来。同样，在与人沟通的过程中，为了让我们所传达的观点更鲜明，为了让我们的语言更形象，我们也应将比喻这一修辞手法运用其中。

那么，什么是比喻修辞呢？

著名文学理论家乔纳森·卡勒的定义：比喻是认知的一种基本方式，通过把一种事物看成另一种事物而认识了它。也就是说找到甲事物和乙事物的共同点，发现甲事物暗含在乙事物身上不为人所熟知的特征，而对甲事物有一个不同于往常的重新的认识。

语言的力量是巨大的，它可以把两个陌生的人由陌生变为熟悉，由熟悉变成知己或亲密的朋友。在说服他人的过程中，更是如此，只要我们善于将语言的魅力传达出来，就能让对方心服口服，其中一个让表达更形象、让观点更鲜明的重要的方法就是比喻修辞手法的运用。

那么，我们该怎样将比喻这一修辞融入到我们的沟通语言中呢？

1. 要充分发挥我们的想象力

的确，有时候，我们在演讲时的语言之所以会平淡无奇，是因为我们束缚了自己的思维。而假如我们能在语言的训练中，转换角度分析，比如可以从意义方面入手，也可以从形式方面入手；可以着眼于词语，也可以着眼于句式。这样，我们会发现，同样一句话就会出现完全不同的表达效果。

比如，我们原本想赞美某位女性朋友年轻美丽，通常我们会说："您皮肤真好……"但如果我们转换一种说法："我终于知道为什么人们会有'剥了壳的鸡蛋'这一说法了，原本还以为是夸张呢，今天算是见识到了。"这里运用的就是比喻的修辞手法，这样表达，更显得动听。当然，我们表达之前，最好作一番铺垫，否则则显得唐突。

2. 语言表达要贴切

程龙在一家建材公司工作，他来公司不到一年，就已经升职为采购主管。在公司的年会上，他被同事们推举到讲台上讲授工作经验。

程龙明白，这种场合下，开口必须特别，才能博得满堂彩，于是，他说："今天我们已经算幸运的了，可以在这个豪华的酒店里享用美酒美食，而平时呢，我们的情况是：出门是兔子，办事是孙子，回来是骆驼。"

在场的所有同事听完后，哈哈大笑。

很明显，我们发现，故事中的程龙在演讲时之所以能博得同事们一笑，是因为他那句颇有意蕴的比喻句："出门是兔子，办事是孙子，回来是骆驼"。兔子"是指出门为了抢时间赶车赶船跑得快；"孙子"是指为了买到所需货物不惜请客送礼，低头哈腰地向人家求情；"骆驼"是指回来的时候不仅要办好货物托运还要给老婆孩子买东西，负载很重。他用形象的比喻说明采购工作是个吃苦受累的活，让同事们产生了共鸣。

另外，我们运用比喻这一修辞时，需要注意的是：

①喻体必须要使受方清楚，一般要常见、易懂。但在演讲中要会顺手牵羊或顺势而为，能及时从对方的信息中把握机会，创造具有爆发想象力的比喻。

②比喻要注意思想感情。感情色彩不得体，语言表达就失去了光彩。

总之，沟通中，我们若能正确运用比喻的修辞手法，一句干涩的语言就会顿时形象、生动起来！

善用排比营造气势

我们都知道，人与人之间沟通的主要桥梁就是语言，言谈的力量是巨大的，它可以把两个陌生的人由陌生变为熟悉，由熟悉变成知己或亲密的朋友。而现实生活中，很多情况下，我们与人沟通，都希望达到自己的沟通目的，要达到这一目的，平铺直叙的语言会显得苍白无力，此时，修辞手法的运用就必不可少。而在众多的修辞手法中，排比的运用更能达到营造语言气势的目的。

所谓排比，指的是由三个或三个以上结构相同或相似、内容相关、证据一致的短语或句子排列在一起，用来加强语势强调内容，加重感情的修辞方式。

我们先来看看罗斯福总统是如何运用排比修辞来演讲的：

"二战"期间，在珍珠港事件后，罗斯福在国会上发表演讲，他慷慨激昂地说："昨天，日本对夏威夷群岛的进攻，给美国海军造成了严重损

害……”“昨天，日本政府发动了对马来西亚的进攻。”“昨天，日本军队攻入了香港。”“昨天，日本军队攻陷了关岛。”“昨天，日本军队登陆菲律宾群岛。”“昨天，日本进攻了威克岛。”“昨天，日本人进攻了中途岛。”

这里，罗斯福运用了七个“昨天”进行排比，让人们看到日本军队在两日内的猖狂行为，让美国人民认识美国所面临的危险，从而激发大家同仇敌忾的勇气和与敌人战斗的决心。

从这里，我们可以看出排比在语言运用中的作用，运用排比，能让我们的语言显得气势磅礴、层次分明、富有节奏感，我们说话时能朗朗上口，让对方听起来赏心悦目，能获得好的沟通效果。排比的种类有成分排比、分句排比、单句排比，复句排比。

我们再来看下面一个故事：

很久之前，有个倒卖香烟的小贩，准备前往巴黎兜售香烟。来到巴黎后，他选择了巴黎小镇的一个集市。在这个集市上，他滔滔不绝地大谈抽烟的好处。

当他兴致正高时，突然间，从听众中走出来一位老人，连声招呼也不打，就走到台上非要讲一讲不可。那位小贩毫无精神准备，不禁吃了一惊。

于是，老人在台上站定后，便大声说道：“女士们，先生们，对于抽烟的好处，除了这位先生讲的以外，还有三大好处哩！我不妨讲给大家听听。”

小贩一听见老人说的这话，转惊为喜，连忙向老人道谢：“谢谢您了，老先生。我看您的相貌不凡，说话动听，肯定是位学识渊博的老人，请您把抽烟的三大好处当众讲讲吧！”

老人微微一笑，立刻讲起来："第一，狗见到抽烟的人就害怕，就逃跑。"台下的人很是莫名其妙，小贩则暗暗高兴。"第二，小偷不敢到抽烟人家里去偷东西。"台下的人连连称怪，商人则喜形于色。"第三，抽烟者永远年轻。"台下一片轰动，商人则满面春风，得意洋洋。

然后老人把手一握，说："女士们，先生们，请安静，我还没说清楚为啥会有这样三大好处呢！"

小贩格外高兴地说："老先生，请您快讲呀！"

"第一，在抽烟的人中驼背的多，狗一看到他们以为拾石头打它哩，它能不害怕吗？"台下的人发出了笑声，小贩则吓了一跳。"第二，抽烟的人夜里爱咳嗽，小偷以为他没有睡着，所以不敢去偷东西。"台下的人一阵大笑，小贩则大汗直冒。"第三，抽烟的人很少有长寿的，所以永远年轻。"台下的人一片哗然。

此时，大家一看不知什么时候倒卖香烟的小贩已经溜走了。

这里，老人为了制止小贩兜售香烟的不当行为，并没有直接上台直接与小贩对决，而是曲线救国，并在说话的过程中，运用了三个极妙的排比句，步步深入地对小贩的言论进行反驳，理亏的小贩能不溜走吗？

当然，沟通中，排比句的运用，也不是多多益善的，需要注意场合与语境。具体说来，我们需要注意的是：

1. 以实际需要为出发点

你不能为了追求语言的形式美而勉强去拼凑排比句，这只会造成适得其反的结果。

2. 灵活选择排比的形式

无论是词的排比、句的排比、段的排比都是可用的形式，不必拘泥于

其中一种。

3. 掌握使用的度，适可而止

总之，沟通的语言要做到引人入胜，就必须气势磅礴，而排比是最能提升语言气势的修辞手法。可以让听众感受到一种气势如虹的语气力量，进而使得我们的语言更有威信。

一语双关，暗藏玄机

生活中，我们常常听到“一语双关”这一词汇，并羡慕那些说话一语中的、言在此而意在彼、意味深远的人。而这一积极的语言效果，就来自于双关修辞手法的运用。

所谓双关技巧，指的是：说话时，每个词乃至每句话都有其独特的含义，一些情况下，这种含义并不表现在这个词或者句子表面的意思上，而是隐含在其背后的，而这也是说话人想要表达的，这便是双关技巧。由于双关含蓄委婉，生动活泼，又幽默诙谐，饶有趣味，能给人以意在言外之感，又使人回味无穷，因而在说话中经常为人们使用。

为此，我们在与人沟通时，也可以巧妙运用这一语言技巧，让听者回味无穷。

双关具有一箭双雕的特点，在讲话中是一种幽默的机智，其实只要用心观察，就会发现日常生活中有不少具有创意的双关语。比如美国第 38 任总统福特，他说话喜欢用双关语。有一次，他回答记者提问时说：“我是一辆福特，不是林肯。”

众所周知，林肯既是美国很伟大的总统，又是一种最高级的名牌小汽车；福特则是当时普通、廉价而大众化的汽车。福特总统说这句话，一是表示自己谦虚，二是为了突显自己是大众喜欢的总统。

一般来说，一语双关是利用语句的同义和谐音的关系，有意识地使语句具有双重意义，即言在此而意在彼。要达到这样的效果，我们可运用谐音和同义两方面技巧：

1. 同义

这里的“同义”，指的是，一个词背后包含的两层含义，利用双方含义，就能达到双关的效果。这两层含义是：一是这句话本身的含义；另一个是引申的含义，幽默就从这里产生出来。也可说是言在此意在彼，让听者不只从字面上去理解，而能领会言外之意。

有一则寓言说，猴子死了去见阎王，要求下辈子做人。阎王说，你既要做人，就得把全身的毛拔掉。说完就叫小鬼来拔毛。谁知只拔了一根毛，这猴子就哇哇叫痛。阎王笑着说：“你一毛不拔，怎么做人？”

这则寓言表面上是在讲猴子的事情，却很幽默地表达了“一毛不拔，不配做人”的道理，虽然讽刺性很强，却也委婉、含蓄。

2. 谐音

造成一语双关的方法有很多，但最主要的还是运用谐音法。

有一次，一位小伙子向老人问路：“喂！去索家庄该走哪条路？还有多远？”

老人抬头看了他一眼，对小伙子的傲气和无礼很不以为然，随口应道：“走大路一万丈，走小路七八千丈。”

小伙子听了摸不着头脑：“怎么这儿论丈不论里？”

老人笑着对他说："原来这儿是讲里（礼）的，自从不讲里（礼）的人来了才讲丈的。"、

小伙子一听就知道自己失礼了，老人正在婉言批评自己，连忙给老人陪礼道歉。

所以说，为了增加语言的讽刺意味，可以临时借助同音词的谐音关系，造成语带双关，明言此，暗言彼。特别是当遇到棘手的问题不好回答时，一语双关能收到出人意料的效果。同时，利用字的谐音来制造双关的效果，会显得很有幽默感。

再比如，《刘三姐》里写刘三姐与三个秀才对歌，刘三姐唱道："姓陶不见桃结果，姓李不见李花开，姓罗不见锣鼓响，三个蠢才地里来。"这是谐音双关。刘三姐指姓陶说"桃结果"的桃，指姓李说"李开花的李，指姓罗说"锣鼓响"的罗；说不见"桃结果""李花开""锣鼓响"，就是指陶、李、罗三位秀才没本事，不是赛歌的对手。这是利用双关语来进行讽刺。

因此，与人沟通中，为了避免语言的干涩无味，不如运用口才，适时来点幽默，采取双关的表达技巧，让对方诙谐一笑！

用好夸张能让语气更强烈

生活中，我们常有这样的说话经历：说自己穷困的时候，你可能会说"身上一毛钱都没有了"；当描绘某人又高又瘦时，人们说他像根"竹竿"；当向医生诉说你的病情时，你说发高烧，全身就像被"烧着"一样烫。怎

么可能真的一毛钱都没呢？果真人高瘦得像竹竿吗？全身发烧真的是被火烧了吗？显然是言过其实了。但是，这种言过其实，在听者看来却并不觉得是虚假的，相反却加深了印象，这便是说话夸张的技巧。同样，在沟通中，我们也可以运用这一语言技巧。

同样，我们与人沟通时，在有表达需要的情况下，在尊重客观事实的基础上，故意言过其实，夸大或缩小人或事物的一些特征，形成强烈的对比效果，这就是夸张的修辞手法。

修辞上的夸张的最大特点是“言过其实”。事实上夸张辞格不管夸张到什么程度，夸张都要在本质上符合事实或者说它需要具备这样的品质与本领——本质上符合事实，表述上言过其实。这两点涵盖了夸张这一修辞格的真正涵义。如人们读到李白“飞流直下三千尺，疑是银河落九天”的诗句时，会用心去体会庐山瀑布那从天而降的气势，因为夸张手法的运用，让这瀑布的美震撼人心。

不得不说，说话时夸张能使人或事物的形象或特征更加突出，给人的感觉也会更加强烈，从而使他们受到说话者话语的感染而投入更多的注意力。

夸张可分为三类，即缩小夸张、扩大夸张、超前夸张。

①缩小夸张：故意把客观事物说得“小、少、低、弱、浅……”的夸张形式。例如：一个浑身黑色的人，站在老栓面前，眼光正像两把刀，刺得老栓缩小了一半。

②扩大夸张：故意把客观事物说得“大、多、高、强、深……”的夸张形式。例如：蜀道之难，难于上青天。

③超前夸张：在时间上把后出现的事物提前一步的夸张形式。例如：农民们都说：“看见这样鲜绿的茵，就嗅出白面包子的香味来了。”

夸张的作用：

①揭示本质，给人以启示；

②烘托气氛，增强感染力；

③增强联想，创造气氛。

夸张是言过其实，但为什么听者不觉得它虚假呢？因为夸张也能突出事物某一性质较合理的地方，而且它常常与比喻、比拟等技巧结合在一起，听话的人心里自然有数。

说话时，合理地运用夸张技巧，可以揭示事物的本质，既能加强说话的感染力，又能“启动”听者的想象力。

古人云：“俗人好奇，不奇声不用也。故誉人不增其美，则闻者不快其意；毁人不益其恶，则听者不惬于心。闻一增以为十，见百益以为千。”这句话告诫我们，与人沟通，在运用夸张这一修辞手法时，需要注意：

①夸张虽可言过其实，但不是浮夸，不能哗众取宠，更不能无中生有、信口开河。它必须以客观事实为基础，必须反映客观事物的本质特征。它之所以言过其实而又不虚假，其奥妙就在于突显了事物的某一部分性质，不似真实而又胜似真实。

②要注意分寸，要让听者知道你在夸张而不是写实；不要单纯为了猎奇而强行夸张，像在作报告时，或介绍经验等场合就不能随意运用夸张技巧。

总之，运用夸张的表达技巧，能起到加强语气的效果，但我们在运用夸张修辞进行夸张手法的运用时，要以客观实际为基础，在不失去真实感的前提下进行夸大或缩小，绝不能无中生有，信口开河，把事物夸得过分了。夸张也必须结合特定的目的与场合而用，在随意的场合可以活跃气氛，增加谈话趣味。但在严肃场合，不宜用夸张的语句。

运用对照和对偶能凸显观点

当今社会，口才对于一个人的重要性早已毋庸置疑，而沟通更是考验口才的重要方面，然而，我们发现，一些缺乏经验和技巧的人在说话时候总是缺乏条理；思维混乱；词不达意。其实，说话是有技巧的，它往往注意和看重修辞格的运用，其中就包括对照和对偶，它们会使得我们的话说得更有效。

沟通中，懂得运用对照和对偶的修辞技巧，会让对方更显而易见地理解你的观点，会让你平淡无奇的语言顿时趣味横生，进而让你迅速提升语言的魅力！

1. 我们首先来看对照这种修辞手法

对照，是把具有明显差异、矛盾和对立的双方安排在一起，进行对照比较的表现手法。让他人在比较中分清好坏、辨别是非。运用这种手法，有利于充分显示事物的矛盾，突出被表现事物的本质特征。

从构成的方式看，对比有两种情形。

①反面对比；

②反物对比。

对比还有反差的意思，使相反或相对事物的特征或本质突现出来，更为鲜明、突出。

比如，这样说："你命好，有儿子孝顺；我呢？我得孝顺儿子。"这种语义的倒置产生了强烈的幽默效果。

鲁迅在《战士和苍蝇》一文中这样说过："有缺点的战士终究是战士，再完美的苍蝇也不过是苍蝇。"这里鲁迅把"战士"和"苍蝇"拿来比较，

犀利地讽刺了那些诬蔑革命者的所谓正人君子，以坚定的决心支持着那些投身革命的勇敢战士们。

可见，把两种不同事物或同一事物的两个不同面貌放在一起相互比较，通过比较，可使事物的性质、状态和特征等更加突显，并且鲜明地表现出说话人的立场和观点。

再如，毛泽东的《论持久战》中，用日本“小国、地少、物少、兵少”和中国“大国、地大、物博、人多、兵多”，以及日本侵略战争是“退步的，失道寡助”和中国抗日战争是“进步的，得道多助”相映衬，作对比，澄清了是非，预示了中国必胜、日寇必败的战争结局，击破了“亡国者”的无耻谬论。

2. 对偶则是在不同的领域有着不同的诠释

成对使用的两个文句“字数相等，结构、词性大体相同，意思相关”。这种对称的语言方式，形成表达形式上的整齐和谐和内容上的相互映衬，具有独特的艺术效果。

对偶以它那严谨、对称的结构以及语音抑扬顿挫的美感，使我们的说话内容产生一种引人注意、发人思考的力量。

说话中，如用对偶句或对偶式的标题，或用对偶式的段落表达富有哲理的内容，可增强语言的力量，因而对偶的形式可以有效地显示内容的辩证法则与逻辑力量。如《生活采思录 · 时间篇》的结尾是这样的：

“李大钊说得好：‘今天是生活，今天是动力，今天是行为，今天是创作’。

不要为昨天而叹息，我们要笑着向昨天告别。

不要空唱‘明日歌”我们要把今天作为飞向明天的跳板。

昨天是今天的昨天，明天是今天的明天。所以，一天就是三天，这是

一个生活的真谛，我们要善于把一天当做三天过！

在对今天的思考中，我们要记住这个时间的辩证法。”

其中“昨天是今天的昨天，明天是今天的明天”这一对偶句富有哲理性，又有整齐而对称的音节，听者可以从这样的表达中受到“义”的启迪，也获得“声”的愉悦。

当然，任何一种说话的技巧都是在长时间的说话过程中逐渐形成的，往往具有相当大的威力。

总之，与人沟通，要想让对方接受你的观点，就要有驾驭语言艺术的能力，否则，对方即使理解你的意思，也会轻视你的水平。说不定他的内心已经同意你的想法，而表面上却与你争论不休。对照和对偶的策略是很有效的，通过比较，能凸显出我们观点的正确性，进而让对方认同。

善用设问，悬念能抓住人心

相信任何一个深谙沟通技巧的高情商者都明白，平铺直叙的语言、正正经经地说话，只会让对方觉得生硬突兀，甚至难以接受，而如果我们能在说话时候故意卖卖关子，那么，就能抓住对方的注意力。在修辞手法中，先提出问题再回答，就叫做设问。

设问就是明知故问，自问自答。正确的运用设问，能引人注意，启发思考；有助于层次分明，结构紧凑；可以更好地阐述人物的思想活动；突出某些内容，使语言起波澜，有变化。

一位刑警队长向群众报告抓获盗匪的经过，他开始就说：“盗匪们真

的都有组织吗？是的，他们大都是有组织的，但是他们怎样组织的呢……”

这位刑警队长所用的开场白，就是先告诉听众一个事实，引起听众的好奇心，使听众有兴趣听下去，希望听一听盗匪组织的真实内幕。

设问是打开我们成功沟通之门的金钥匙，这种修辞手法，如果能帮助我们在沟通时恰当利用，就能使听者产生一种听完后有所得的愉悦感，真切理解我们的意图。

例如：母子有趣的对话

儿子：“妈妈，我们学校的一个男老师爱上了一位工人。”

妈妈：“这是一件好事啊，我马上把这件事写成一个剧本，好好地宣传一下。”

儿子：“你们当作家的就喜欢挖掘这种题材，连这件小事也值得写进剧本里？”

妈妈：“虽然现在是 21 世纪了，但有些人还是有‘门当户对’的老观念，像这样勇于冲破传统习俗的男孩子，应该好好地宣传。”

儿子：“妈妈，这个老师就是我。”

妈妈：“什么？是你，是谁同意你这么做的？”

儿子：“妈妈，你刚才不是很赞同“我”的做法吗？”

妈妈无言以对，只得同意。

这段对话中，儿子是聪明的，为了打消母亲反对的念头，他在刚开始时，先提出了“男老师和女工人”谈恋爱这一事实，在得到母亲的“赞扬”后，再道明这位男老师就是自己，此时的母亲已经被定义为在“开明”这一列，自然只得同意。

我们再来看下面一个故事：

一个科学会议的主持人对现场在座的科学家们说：“上级领导同意这次我们提出的方案，并赠给大家十六个字：严肃认真，周到细致，稳妥可靠，万无一失。”

听完主持人的话，在场的科学家一下子觉得压力很大，有的人甚至还倒吸了一口气。

目光敏锐的主持人已经觉察到了科学家们的心思，便立即解释道：“什么叫做‘万无一失’？就是把想到的、发现的问题都解决掉，就叫万无一失。没有发现的、解决不了的，是吃一堑长一智的问题。扛枪还有卡壳的时候呢，别说这个小问题了。放心吧，只要大家认真做了，出了什么问题，有领导负责，有我负责！”

通过主持人的一席话，科学家们完全解除了思想上的沉重包袱。

在主持人一番话中，我们发现，有以下几点值得推敲，首先，一开始，主持人就切中要害，抓住科学家们担心的问题，也就是“万无一失”。接着，他并由此设问，以问题引路，自问自答，引出一段解释，从而清楚地消除了听者的疑问。

可见，善于设问，往往能够切中要害，更有效地解决问题，从而收到设想的效果。设问，是一种常见的修辞手法，常用于表示强调作用。为了强调某部分内容，故意先提出问题。所以，每一个预备当众演说的人，都应该学习如何运用设问的修辞来增强语言的效果，为此，在沟通中，你可以这样做：

1. 先设问再回答

设问是无疑而问，设问后，可以自问自答，也可只问不答。设问用得好，能引人注意，诱人思考，把谈话内容变得更加吸引人。设问是一种启发性

的语言艺术。设问的另一个作用是让听众产生悬念，就是引起听众一种欲知究竟的愿望。

2. 设问要巧妙

你所问的问题要巧妙，要顺理成章，做好铺垫，引人入胜，最后一语道破悬机，否则就有故弄玄虚之感。这就好像相声里的“设包袱”，用迭宕起伏的情节，深深地吸引住他人，最后再“抖包袱”，起到画龙点睛的作用，让人感觉到强烈的语言效果，从而达到自己的目的。

3. 可以先只提供部分的信息，吊足对方的胃口

往往有时候，你告诉了对方上半句，但本来在该说下半句的时候，你停止了，那么对方就会产生很强烈的好奇心。沟通中，我们在表达观点的时候，也可以运用这一方法，留一部分，给对方制造一种想要了解的好奇心。当这种好奇心在对方心里不断发酵的时候，对方就会产生主动了解的欲望了，此时，你再适时表明，对方一定会揪住你的话。

当然，最重要的是，在运用这一修辞手法说话时，我们要把握整个谈话的进程，恰到好处地把握时间的长短，才能给人留下难忘、美好的印象。

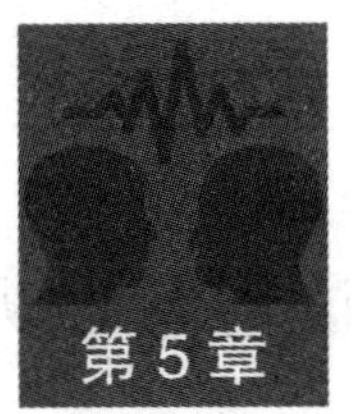

高情商沟通之倾听技巧：会“听”是顺利沟通的前提

我们每个人都有两只耳朵与一张嘴，这就告诉我们要多听少说。然而，生活中，真正做到了多听少说的人却不多。仔细倾听别人说话，是对别人的一种尊重、一种赞美。说得多并不是口才好，侃侃而谈、口若悬河只会让别人反感，因此，我们每个人在沟通的过程中，都要尽可能多地让对方说，给对方创造说话的机会，把自己变成听众，这样才是真正地把握了话语主动权，才能听出真心，进而有助于我们达到沟通目的。

沟通中要懂得做忠实的听众

古人云："听君一席话，胜读十年书。"在现代交际中，倾听的作用尤为重要，倾听，是人们建立和保持关系的一项最基本的沟通技巧，也是一种心理策略，英国管理学家威尔德说："人际沟通始于聆听，终于回答。"没有积极的倾听，就没有有效的沟通。

然而，现代社会中，一些人依然只顾发挥自己的优势——说话，而不在意别人说，他们更喜欢谈论自己的事情，而没有耐心听别人谈论他们的事情，或总在没有完全"听懂"别人的前提下，就对别人盲目下判断，这样就造成了人际交往中难以沟通的情况，形成交流的障碍和困难。

实际上，任何一个人，要想获得良好的人际关系，首先就要学会倾听他人的声音。

唐晓倩是部门新上任的主管。公司按例每月要开个中高层会议，商议一些事宜，可能这样的会议早已经数见不鲜，大多数领导人已经把这种会议当成一种走形式的事，都无所谓有无所谓无的。唐晓倩第一次参加这样的会议，不免准备充分，带上了纸笔，和她一起参加的，也有一些和她一起上任的新主管，看着唐晓倩正襟危坐的样子，不禁都笑了。

这次主持会议的是董事长的得力助手。商讨的是公司的一些人事变动问题，其实，这类问题讨论也已经不是第一次了，无非是各个部门之间的一些主管、小领导之间职位的变更，大家都听厌了，只等通知就是，可是

唐晓倩坐在后排，居然把这些人事变更的名字都记下了，而这些却被主持会议的董事长助手看在眼里了，散会后，他让唐晓倩留了下来。

“为什么会上大家都无所谓，你却记下了这些名字呢？”

“因为，我觉得工作中一定要细心，我刚上任，以后肯定会麻烦这些前辈和领导，记下他们的名字才不会出错。”唐晓倩如实回答。

“小姑娘真的很细心啊，我们现在工作的状况是，很多人都倚老卖老，董事长每次让我开会，我都是硬着头皮去的，那帮人不把我放在眼里啊，我是有苦说不出啊。”说完，他长叹了一口气。

“这种会议的确不好开啊，毕竟与会的都是一些老将，不知当说不当说，其实，如果您尝试一些新的会议模式，倒是能激发大家的兴趣，比如……”董事长助手听完后，觉得十分有理，就采取了唐晓倩的建议，果然，每月的例会有生机了，而在助手的大力推荐下，唐晓倩很快升到了部门经理的职位。

的确，任何一个人，都是希望能够得到尊重和支持的，因此对于愿意认真倾听自己说话的人，人们一般也会对其产生好感。唐晓倩就是这样获得董事长助手的器重的。董事长助手这个职位看似不重要，但却能和董事长直接对上话，这就是为什么他能帮助唐晓倩成功升职。

因此，我们需要明白，倾听是对别人最好的尊敬，专心地听别人讲话，是你所能给予别人的最有效、也是最好的赞美。不管说话者是上司、下属，倾听的功效都是同样的。当然，你还必须掌握倾听的艺术：

1. 注意言行，传达你的兴趣

在对方有意与你进行沟通时，你要做出一副感兴趣的样子，积极配合对方的言论，比如对方与你交流时，你要用积极的目光注视着对方，在他

讲述的过程中适时点点头，要有适当的面部表情，不要看表，翻阅文件，更不要拿着笔乱画乱写，对他言语中不明白的地方要向他提问，这样会让他认为你在关注他的话，你在重视他的言论，这会增强他的诉说欲，他会乐意向你提供更多的信息，你在此次沟通过程中也会准确、完整地得到他想传播的信息。

2. 适时反馈

沟通是双向的，只顾倾听，只是满足了对方倾诉的愿望，而他还有被回馈的愿望，这才表明你用心了，真正考虑到了他的感受。你可以做到：对方发表演讲，你应该积极鼓掌，大声喝彩；如果对方相邀去吃饭，你要主动地相陪。在茶饭间的闲聊，你不妨使用这样的话语："能够听到您的人生经验是我最大的幸福！"这些话会成为和对方沟通的最好的润滑剂。

3. 适时进行鼓励和表示理解

谈话者往往都希望自己的经历受到理解和支持，因此可以在谈话中加入一些简短的语言，如"对的""是这样""你说得对"等或点头微笑表示理解，这些都能鼓励谈话者继续说下去，并引起共鸣。当然，仍然要以认真聆听为主，要面向说话者，用眼睛与谈话人的眼睛作沟通，或者用手势来回应谈话者的身体辅助语言。

4. 肯定对方的感受和想法

无论在倾听的时候，还是反馈意见的时候，你都要肯定对方的感受，这是互赠情谊的基础，如果领导性情不好，并把缘由告知于你，却遭到你的反驳，那无异于火上浇油，一发不可收拾。

即使对方谈的都是一些老调，也要做倾听状，时而给予共鸣或由衷的赞美，而不应有一丝不耐烦的神态。

人都渴望被尊重和认同，人际交流中，你只有学会做他人忠实的听众，才是真正的会说之人，才能实现有效地沟通，拉近彼此间的距离。

听出弦外之音，某些话有深意

对于现代社会的我们来说，是否会说话、能否掌握沟通的艺术，无论是对于个人发展还是在日常交际中，都显示出了无可替代的重要性。正如戴尔·卡耐基所说：“一个人的成功约有 15% 取决于技术知识，85% 取决于口才艺术。”然而，听话和说话同样重要，但真正的听，并不是傻听，会“听”话的人既能很好地领会、理解别人说话的意思，又能仔细地欣赏、揣摩别人说话的技巧，更能从别人的言谈中听出言下之意和弦外之音，然后才能“以牙还牙”，做出相应的应酬对策。

因此，我们在沟通的时候，不仅应该做一个认真的听话者，同时还应该做一个谨慎的听话者，能听得出对方的话的真实意思，只有这样，才能领会透说话者的意图。

听是说的前提，你要想更好地表达观点，就要建立在听清别人内心真实意图的基础上。但真正的倾听应该是有效的。相反，如果你没能听出别人的言外之意，就会作出错误的对策，甚至造成无法挽回的恶果。

的确，现在人们在交往的时候经常会说一些富含深意的话，有时是因为场合不合适，只能说一些模棱两可的话，我们在与人沟通的时候，应该会听话听音，有些话是弦外有音，如果一听话是这样，不再加以分析，有时就会领会错说话者的意思。

然而，在现实的交流过程中，一些人不会听到别人的弦外之音，经常会闹一些笑话，比如有个女人的品位不怎样，但是还老是喜欢四处招摇，有人就说她：“这件衣服真是适合你穿着去外交啊！”她以为别人是在夸她，还在心中沾沾自喜，这样的人就是不会听话音的人。

因此，在观察他人的过程中，你不仅要学会观察他人的举止、脸色，还要懂得倾听，因为很多时候，对方多传达的信息并不是直接陈述的。

那么，具体来说，我们该怎样从倾听中听出弦外之音呢？

1. 听出对方的情绪和意图

在各个场合都要“听话听音”，一个人即使不和你说真话，他的语气同样可能暴露出他的性格、愿望、生活状况甚至他的意图。潜藏在人内心的冲动、欲望等，总是会通过某个方面体现出来，所以要了解对方意图，可借语气来读懂他的心思。因此你只有准确地抓住他的心，才能更准确地分析他的心理，才能看准他人的本质。

生活中，我们能从别人的语气来听出一个人与你交谈时的情绪等，而留意了他的语调语速变化，你就留意到了他的内心变化。有些语调变化是故意，那是他想向你传达某些信息。而某些语调变化是潜意识的，你可以发现他的情绪变化，以便随时调整你的说话内容。

2. 鼓励对方多说

任何人在谈话的时候，都希望自己的意见和观点得到认同、理解。因此，如果你能表示出对对方的理解的话，那么，他是很愿意继续说下去的。对此，你可以在倾听后适当地加入一些简短的词汇，比如，“对的”“是这样”“你说得对”等。也可以点头微笑表示理解。当然，你还需要做到专心倾听，并与对方偶尔进行眼神交流，切不可心不在焉。

总之，在与人沟通的过程中，我们要明白，看人不能看表面，也不要凭三言两语无端地断定一个人，只有多方观察，从举手投足、眼神、表情各个方面综合判断才能真正判断他的心思、用意。而学会倾听，训练自己破译他人的心态，可以说是促使自己圆满处理人际关系的重要条件。

鼓励对方多说，更能掌握话语主动权

生活中，在与人沟通这一问题上，很多人存在这一心理误区，他们认为，说得多就是有口才的表现，同时，为了使他人接受自己的观点，他们总爱侃侃而谈，甚至口若悬河。殊不知无休止的话只会让别人反感。我们真正要做的，是尽可能多地让对方说，给对方创造说话的机会，把自己变成听众，给发话者以呼应，或赞成，助其深入；或反对，让他告诉你他认为什么是正确的，这样才是把握了真正的话语主动权。因此，让对方多说话，并不会让我们丧失交流的机会，反而会有助于我们达到沟通目的。

曾经有一名法官，他是个善于倾听他人说话的人，在他调节的纠纷中，人们总是愿意听取他的意见。

一次，一个老作家和一个出版社因为报酬问题出现了纠纷，闹上了法庭。根据案情，法官认为调解对双方，特别是对老作家有利。因为打官司费钱又费力，个人不能与单位比。但他多次建议双方调解，都没有效果。老作家对出版社怨气很大，但很明显，他是个法盲，开庭时只是反复就一两个问题进行阐述。尽管他遣词造句与他的职业很匹配——颇具诗歌或散文的味道，可车轱辘话谁听着都烦。旁听席上渐渐有人打起瞌睡，有人起身离去。

可法官一直静静听着，不打断老作家的话。

庭审进行了 3 个多小时，直到双方再无话可说，法官才又向双方解释了出版合同的法律规定，指出双方在合同履行中的不当之处，并再次提出调解的建议和基本方案。

老作家听完法官的话，半晌没说话。最后，他突然表示愿意接受调解。

“法官大人，矛盾发生以后，你是第一个完完整整听完我讲话的人。”老作家诚恳地说，“你对我的尊重让我信任你，你说怎么办就怎么办。”

这则故事中，这名法官就是个善于通过倾听解决问题的人。表面上看，一直是老作家在侃侃而谈，法官一直静静地听着，但最终，老作家却因为感受到了来自法官的尊重而接受调解，这就是法官所要达到的沟通结果。

但事实上，并不是所有人都能做到和这名法官一样，多给他人说的机会，你只要留意一些非正式的聚会，或是聚餐，或是聊天，那些在旁边听别人讲话的人，多么迫不及待地想开口；而且一个讲完以后，旁边立刻有人急着接下去，甚至出现多人抢着说话的现象，你就可以知道人类是多么爱说话了。关于如何更好地倾听，鼓励对方多说，以把握沟通的主动权，有如下一些技巧：

1. 集中注意力，用心地听

听人说话是一门大学问，有的人经常被别人说成“左耳朵进右耳朵出”，形容他听话总是记不住。其实，一般人在听别人说话的时候，基本上能记住一半的内容已经不错了。

造成效果这么差的原因有两点：一是因为听者的思考速度比说者的讲话速度快，因此有许多空闲的时间胡思乱想；二是当说者的论点与自己的观点不同时，后者就很难再听下去了。

为避免倾听效果不良，除了集中注意力用心听之外，最好的方法是：备妥纸与笔，记笔记。把谈话重点一一记下来之后，就不会忘记了。

2. 发问

对方说话时，原则上不要去打断，可是适时的发问，比一味的点头称是更为有效。一个好的听者既不怕承认自己的无知，也不怕向说者发问，因为他知道这样不但会帮说者理出头绪，而且会使谈话更具体生动。

可以提些诸如“你认为这就是问题所在”“你的意思是……”“你能说得明白一些吗”等问题。这些提问有助于你获得更多信息，并理解问题的各个方面。

3. 中立

像“嗯”和“真有意思”等中性评价性语言能表示你对谈话感兴趣，并鼓励对方继续说下去。这是最难的技巧之一，因为这要求你真正跟上对方谈话的主题。

4. 重复

可用“按我的理解，你的计划是……”“你是说……”及“所以你认为……”等句式。这些说法表明你在倾听，并明白对方的意思。重复的重要性在于让你尽早发现有无曲解对方。

5. 总结

试着用“你的主要意思是……”和“如果我的理解没错的话，你认为……”等说法。不要第一个下结论，先听他人的结论可能更有价值。

有了上述技巧，你就会发现倾听别人谈话也是其乐无穷。

的确，谈话不是演讲，不是个人表演的独角戏，而是双方交流的活动。在谈话中，只以自己为中心，好像他人都不存在似的，长久下去，必然会

令人生厌。所以在与他人交谈时，给对方创造说话的机会，要比我们自己说好得多。

口头禅透露一个人的个性特征

生活中，相信我们在说话时都会有意无意地提到某个词语或句子，这就是口头禅。口头禅的原意是指有些禅宗和尚只是将禅理放在口头上而不实行的行为，也就是说将禅宗用于自己说话的点缀，而现在则是指人们常常挂在嘴边的话语。而且，按照现代心理学的观点，口头禅其实也不是完全不“用心”的，它背后隐含着一些心理活动和心理作用。

因此，我们在倾听他人说话时，一定要留心对方的口头禅，进而从中了解对方的个性特征。

使用不同口头禅的人，在性格特征上是不同的，为此，我们不妨根据口头禅的不同来对我们身边的人进行划分：

1.“据说，听说”

常使用这一类口头禅的人，往往有这样一些特点：他们阅历比较广，但往往不够果断，因此，为了让自己的话不至于太过绝对、给自己留点退路，他们便常使用此类口头禅。

2.“真的，不骗你，说实话”

这种人在说话时担心听者会误解或者怀疑自己，因此，他们便急于表明自己的立场。

3.“但是，不过”

这些人说话时滴水不漏，即使发现自己说错了话，他们也能立即找出一个例外，作为并用但是加以转折，但这也表明他们说话懂得留有余地，从事公共关系的人常有这类口头语，因为它的委婉意味，不致令人有冷落感。

4.“肯定嘛，必须的”

这类人往往信心十足，理智、果断，有足够的说服力，常令人信服。

5.“嗯，这个嘛，啊”

很明显，这是一些用于语言间歇中的词语，常使用这类口头禅的人，往往思维反应较慢。当然，一些说话傲慢者也喜欢使用这种口头语。

6.“可能是吧、或许是吧、大概是吧”

这类人为人谨慎，行事周密，不容易得罪人，因此，人缘不错，但他们一般不会将内心的真实想法告诉别人。

著名心理学家威廉·詹姆斯说过：“播下一个行动，收获一种习惯；播下一种习惯，收获一种性格；播下一种性格，收获一种命运。”“口头禅反映了对某一类情形的反应模式。尤其带有消极词汇的口头禅，对认知和情绪都是一种消极暗示，所以，心理治疗师即使肯定别人，也很少说‘不错’等带有双重否定的词汇。”

另外，生活中的人们，在现实的语言交流中，你还应该尽量避免口头禅为你带来的一些负面效应。

林丹是一名刚参加工作的推销员，现在的她还在接受公司进行的销售新手培训，在培训的过程中，培训老师张老师发现，林丹很喜欢把“说真的”挂在嘴边。

这天课后，张老师单独找来林丹。

“你对自己满意吗？”

“挺好的啊，您为什么这么问？”林丹很好奇。

“那也就是你认为自己很自信咯？那为什么你很喜欢说‘说真的’这个词呢？”

“口头禅而已，这应该不能说明什么问题吧？”

“这你就错了，一个人的口头禅是能泄露一个人的性格特征的，我们千万不能低估客户的观察能力，一个人喜欢说‘说真的’，其实是不自信的人，他这样强调，就是为了让对方相信自己，我想，你应该知道一个自信对于一个销售人员来说有多重要吧，你自己底气不足，又怎么能说服客户呢？”

“我知道了，谢谢您，张老师，我会尽量改掉这一口头禅的……”

和故事中的林丹一样，相信很多人都有自己的口头禅，这看似是一种语言习惯，其实是一个人个性的显现。据有关专业人士介绍，三类对人心理健康不利的口头禅不要说：

第一类，“我不行的”“我怯场的”，在生活中，尤其是在一些特殊场合，我们常常听到这样的口头禅，表面上，这只是简简单单的一两句口头禅，但却对我们的心理起到极强的负面强化作用，会导致我们形成自卑感，进而不利于目的的达成，更对我们的心理健康有害。

第二类，那些能使人产生刻板印象的口头禅。从心理学角度而言，所谓刻板印象，顾名思义就是人们在社会生活中，随着某些社会经验的积累，会过多地依据这些经验为人处世、判定他人。这类口头禅很多，比如，“帅气的男人一定花心”“十商九奸”这些带有刻板印象的口头禅会给人们带来偏见，既不利于人际交往的和谐，也不利于身心的健康。

第三类，则是诸如“凑合着吧”“没劲透了”“活着真没意思”这些

会传染给他人消极情绪的口头禅。不抛弃那些口头禅，则会让你在社会生活中成为不受欢迎的人。

的确，几乎不可避免的，每个人都会有自己常用的口头禅，也许大家没有意识到，这些自己根本没注意到的习惯，已经悄悄的“出卖”了我们。为此，你不妨也从这个角度来好好分析。

从语气中听出对方心情的变化

生活中，人们常说：“祸从口出。”意为祸端来自语言，这句话是要告诫我们做人做事一定要谨言慎行，不可毫无顾忌地说话。但从这句话中，你还应该得出的一点结论是，与人沟通，要想看清别人，就可以从对方的语言着手，当然，大部分时候，人们是不会直接表明自己的想法和情绪的，这一点，需要我们自己感知，其中一个重要的方面就是语气。要知道，任何一句话，都是带有感情的，因此，就产生了语气。

一个人说话的语气，是承载这句话的基础，它所包含的内容会让这句话所传达的情感更加丰富。当别人笑着很亲切地说：“真是一个混蛋！”你可以把这句话当成一个玩笑，但是同样是这句话，当人们咬牙切齿地说出来时，你就要认真对待了，否则，很可能最后会酿成一个悲剧。很多时候，一句话并不是光用耳朵听就可以明白的，还需要用眼睛去看，用心去想，最终你才能理解这句话的含义。只有从对方的语气揣摩对方的心理再说话，才能在与人交流中有的放矢。

我们先来看下面一个故事：

这天，化妆品推销员莉莉来到某准客户家，开门的是位年轻的太太，很明显，这位太太很不高兴，脸上还挂着没擦干的泪水，莉莉赶紧说：“太太，您怎么了，遇到什么伤心的事情了吗？”

“没有，您是哪位，我不认识你！”

“我是一名化妆品推销员，在敲开您的门之前，我是准备向您推销产品的，可是当我看到您一脸的愁容，我觉得我有其他的使命了。”莉莉说。

“真是很感激你，其实，我没什么事。”

“家家有本难念的经，我能理解，尤其是咱们女人，要操持好一个家，努力经营好一段婚姻，真不是一件容易的事。”

客户：“你说的太对了。我的丈夫就是一个永远不知足的男人，我这么努力，家里家外，他却一回来就跟我吵架，甚至连我做的饭都不吃，我都不知道该怎么办了，难道他也喜欢上了别的女人？”

这里，莉莉发现，这位太太在谈到自己的丈夫时，透露出来的是不满和疑虑。于是，接下来，莉莉：“太太，我觉得您需要勇敢一点，要和您的丈夫谈谈，这样问题才能解决，不然即使您伤心，他也不知道啊。”

在莉莉的引导下，客户说：“你说的有道理。我是该找个机会和他摊牌。对了，你刚说你推销化妆品，都是什么样的产品？”

……

这则故事中，客户之所以对女销售员莉莉放松警惕，是因为莉莉从她的语气中了解到她的心病，并以坦诚的态度道明自己的原本来意和对她的关心，最终让她感同身受，于是，她的心就彻底向莉莉敞开了，也就把莉莉当成了情感倾诉的对象，主动问及产品更是水到渠成的事。

语言是内在最好的表现，是表达心声的最佳武器，而语气则具有隐性

的特点，因此，若你想掌握他人心理进而施展口才的话，那么在与人交际的过程中，你就要学会观察对方的语气，假如，他说话高高在上，那么他必定是个得意之人，这样的人，你需要小心说话，以免生事端；假如他说话轻声细语，那么他就是个性格温柔之人，但也可能绵里藏刀，这样的人你更要提防；也有一些人说话大声爽朗，他们的性格和他们的声音一样，让人开朗大方；而更有一些人，他们说话诚恳，不矫揉造作，这样的人，往往谦虚卑恭、平易近人，更容易获得别人的诚心相待。

因此，训练自己从语气中掌握对方心理，可以说是促使自己圆满处理人际关系的重要条件。那么，具体来说，该怎样根据对方谈话的语气作出一些对策呢?

1. 听出对方的情绪和意图

在各个场合你都要“听话听音”。一个人即使不和你说真话，他的语气同样可能暴露出他的性格、愿望、生活状况甚至他的意图。潜藏在人内心的冲动、欲望等，总是会通过某个方面体现出来，所以要了解对方意图可借语气来读懂他的心思。只有你能准确地抓住他的心，才能更准确地分析他的心理，也才能看准他的本质。

2. 看准他人的意图再说话

在说话前，你必须要先了解对方谈话的意图，并作出相应的语言回应，才能让交谈有利于你。比如，如果你是个求职者，在回答问题时，应当适时正视面试者。通常，面试者对急于想要了解的问题，谈话会以不太关心的话题为重。如果对方对你凝视倾听，你就需要对回答的问题作较为详尽的描述；如对方只是随声附和或眼神出现游离，则应立即简短结束此话题，求职者不可认为自己对这方面较为了解而夸夸其谈。

可见，你若能从别人的语气来听出一个人与你交谈时的情绪、只要留意了他的语调语速变化，你就留意到了他的内心变化，而有些语调变化是故意做出来的，那是他想向你传达某些信息。而某些语调变化是无意识的，你则可以发现他的情绪变化，以便随时调整你的说话内容。

倾听不“傻听”，关键处给予反馈

任何一个善于沟通的人都知道，沟通有三要素——倾听、反馈、表达。科学研究证明耳朵所收集到的信息比眼睛要多得多，“万言万当，不如一默”，意思是人说一万句话，哪怕全部是正确的，也不如沉默不说一句。可见倾听的重要性。但你还要明白一点，无论什么情况下的沟通，都是有一定的沟通目的的，因此，要做到高效的沟通，就必须在倾听中抓住问题的关键点，并适时做出反馈。

刘华在一家大型图书卖场工作，她很热爱她的工作，不仅因为她在没事的时候可以看各种图书，还因为她为很多读者推荐了适合他们的书籍。

有一天，卖场来了一位 30 岁左右的男人，他的脚步停留在一堆心理学书籍旁。这时候刘华走了过去，打招呼说：“你好，先生，您是要购买关于心理学的书啊？”

客户回答说：“我随便看看。”刘华知道客户不愿意跟自己说话，于是，她站在一旁，并没有多说什么。这位先生又在心理学书籍书架旁翻阅了很久，不知道究竟买哪一本好，显得很左右为难的样子。此时，刘华觉得时机已经成熟，于是，她再次走过去，对那位先生说：“先生，请问你想购买什

么样的书呢？”

客户：“我想买一些心理学的书看看，但是我不知道该买哪一本好。”

刘华：“是啊，现在的心理学书太多了，不知道您购买心理学书籍是出于爱好，还是其他原因呢？”

客户：“其实，我购买心理学书籍有很多因素，我本身就比较喜欢这类的书，以前读书的时候错过了很多好书，现在想再买点这方面的书看，另外，我现在的工作也需要掌握一些心理学基础知识。但我对心理学知识是一窍不通。”

刘华：“要是这样的话，我建议你买一些心理学基础知识，先了解一下，这本《心理学基础》就很不错。等你了解了基础再买别的吧，因为心理学非常的难，买的太难了，根本看不懂，还会给自己造成心理阴影。”

最终，客户选了一本《心理学基础》，高兴的离开了。

我们发现，案例中的图书销售员刘华是个善于倾听、把握客户心理的人。刚开始，在客户刚刚光临的时候，她热情的帮助被客户拒绝后，并没有继续“纠缠”客户，而是等客户真正需要帮助的时候再“出现”，在得到客户肯定的回答后，她开始一边倾听，一边引导客户继续说，进而逐渐让客户主动说出自己想购买的书籍类型，从而很好的帮助顾客做了决定，完成了销售目的。

这个故事同样给那些不懂如何倾听的人们一个心理启示：倾听不能“傻听”，要听出关键点，听出问题的实质，才能在反馈时做到对症下药，否则就会本末倒置。而且，倾听是有效沟通的重要基础。善于倾听的人总是注意分析哪些内容是主要的，哪些是次要的，以便抓住事实背后的主要意思。我们倾听客户说话，也要抓住有利于沟通的关键点，不要被个别枝节所吸引。

相反，不给予反馈是沟通中常见的问题。许多人误认为沟通就是我听他说或者他听我说，常常忽视沟通中的反馈环节，不反馈往往会直接导致两种结果。

（1）信息发送方（表达者）不了解信息接收方（倾听方）是否准确接收到了信息。

（2）信息接收方无法证明和确认是否准确地接受了信息。

那么，具体来说，在沟通过程中，我们应该如何反馈呢?

第一步，倾听。

不管是自己的朋友、同事、领导、客户，在沟通的时候，倾听对方表达的内容和目的都非常重要。

这里，有几个关键点:

①对方的问题点。

这也是倾听的重要任务，有时候，对方的某些问题是不会真正向你坦白的。

②情绪性字眼。

当人们感觉到痛苦或兴奋时，通常会通过一些对话中的字眼来体现，比如“太好了”“真棒”“怎么可能”“非常不满意”等等。这些字眼都表现了他们的潜意识导向，表明了他们的深层次看法，我们在倾听时要格外注意。

第二步，反馈。

对方表达完后，要在适当的时候去给予回应，也就是反馈。要及时、明朗、不含糊地给予认同或肯定。“是的、对、嗯、是啊”等，都是必不可少的。

第三步，表达自己的观点。

对方的观点跟自己的如有冲突或者自己认为有异议，也要先给予肯定，再说出自己的想法观点，但是也要有度，恰如其分，这点很重要！

可见，反馈是沟通过程中的一部分，指在沟通过程中信息的接收者向信息的发送者做出回应的行为。一个完整的沟通过程既包括信息发送者的表达和信息接收者的倾听，也包括信息接收者对信息发送者的反馈。

无声沟通，沉默战术反而事半功倍

语言是我们表达个人思想最重要的工具，每个人都希望通过完美的口才展示一个不一样的自我，并以此来说服别人。但是，有时候滔滔不绝喋喋不休的语言攻势，却会激起对方的抵触心理，无论你说得多么动听、有道理，对方都不愿意配合你的工作。如果你不达目的誓不罢休，一再追问，非但不能达到目的，反而还会激起对方更强烈的反抗。因此，在特殊的情况下，要想攻破别人的心理防线，我们就可以采用无声沟通术来与别人进行交流。换言之，就是采用沉默的方法来应对那些不合作的人。因为，沉默能够给对手带来一定的压力，也能够让自己占据主动的位置，也能让对方改变态度，主动配合你的工作。

一家公司的保险库被盗，丢失大量珍贵物品。经过调查，警察将目光锁定在了保管员杰克的身上，就传讯了他。

审讯员问他：“听人说，你是一名电脑高手，从我们掌握的资料上来看，作案者也是一名电脑高手。这名犯罪分子侵入了公司的保安系统，让所有的保护设施全部失效，你对此有什么看法吗？”

杰克回答说：“在这个问题上我有权保持沉默，因为这事和我一点关系都没有。”

审讯员继续追问：“既然你是一名电脑高手，却为什么甘心做毫无前途可言的保管员呢？”

杰克回答说：“这是我的自由，你管不着。”

审讯员无奈只好退出，由老探员乔恩来审讯。

乔恩一言不发，只是用眼睛死死地盯住杰克。杰克慌了神，说：“你有什么要审问的，只管问好了，别在这里浪费时间。”

乔恩依然不说话，还是一直盯着杰克。很快，杰克承受不了了，眼珠乱动，浑身打颤。乔恩抓住时机怒喝一声：“老实交代，你究竟把那些物品藏到哪里了？”

“这个，这个……”结结巴巴的杰克慌了神，最后，不得不主动交代了一切。

在很多人的印象中，一般都认为说服别人需要有较好的口才，能够用语言攻势打败对方，让对方折服。其实，这种方式未必有效，在适当的时候采取沉默战术，往往能够起到更好的说服效果。

在生活中，我们经常会面对一些防御心非常强的交流对象。和他们沟通，无论你多么耐心多么委婉，也无论你采用什么样的方式，都不能让其听从你的建议。遇到了这种情况，我们就应该采取沉默的方式。事实上，这种方式往往能够起到非常好的效果。

有一天，约瑟夫所在的空调公司收到了一个客户的投诉信，这封信的措辞十分的严厉，字里行间都充满了对该公司产品的不满。为了弄清真相，公司派约瑟夫到这个客户的家里调查一下情况，做出正确的处理。

当客户听说他是空调公司的员工的时候，表现得既愤怒又傲慢，对他们公司的产品提出了强烈的质疑，并说若不能妥善解决，就去投诉。约瑟夫认真看了一下空调，发现这些问题是由客户的使用不当所造成的，责任不在公司。但是他想：“我来的目的不是和客人吵架的，而是来解决问题的。”于是，就在客户大发牢骚的时候，约瑟夫静静地坐在那里，一言不发。等客户发泄完之后，才向其解释了一下原因，并提出了解决方案。

客户听完，就拍着他的肩膀说：“年轻人，你说的话虽然不错，不过我还是比较痛恨那个混蛋空调公司。”约瑟夫见他余怒未消，再次选择了沉默的态度。接着，客户又说：“不过，看在你的面子上，我以后再也不会写投诉信给你们公司了。”约瑟夫听后，如释重负。

生活和工作中的许多事情，并不是依靠分辨是非就能妥善解决的。假如你一上来就发动猛烈的语言攻势，很容易就会激起对方的逆反心理，你也就很难再去说服别人。这是因为，当你向对方发动语言攻击的时候，声音中就带有强烈的火药味，脸上也会不可避免地带有一些敌视的神情，对方在逆反心理下就会表现得比较急躁和愤怒，很可能会做出一些更出格的选择，最终必将会导致事情出现僵持的局面。

沉默并不是一些人眼里的理屈词穷、狼狈不堪，相反的，沉默显示了一个人的品格与智慧。在工作中，会有无数难以说服的人，他们对你的苦口婆心和推心置腹总是无动于衷，甚至还会冷言相讥。遇到了这种情况，你就没有必要再想方设法运用语言来说服他了，而是应该适当地采取沉默的方式来进行应对。因为这种方式代表着一种强大的力量，能够有效地化解对方的敌视心理。

高情商沟通之巧妙提问：让对方在你的引导下说“是”

所谓沟通，本来就是一个有问有答的过程。沟通对象可能会因为有抵触心理而不肯与你配合，不愿意告诉你实情。在这个时候，就需要通过一些方法和手段巧妙地从对方的口中“套出”你想要知道的信息。

让对方说“是”是成功沟通的开始

生活中，我们在与人沟通的过程中，直截了当地告诉对方我们的观点和想法，对方未必能心悦诚服地接受，而从提问开始，引导对方的思路，让他自己得出结论，比我们苦口婆心地劝说要容易得多。那些口才出色的人在提问他人时更懂得一点，我们提出的第一个问题就要得到对方的认可，让对方说“是”，这是为接下来的沟通工作做好铺垫，如果一开始就就让对方否定我们，那么，再让对方转变观点接受我们，难度就大得多了。

我们先来看下面的销售故事：

小李是一家电子产品公司的销售员，为了能实现公司电话软件销售的工作，小李前去拜访一家科贸公司的总经理。这家公司“财大气粗”，人脉广泛。但在沟通的过程中，科贸公司的经理提出了不同看法：

客户：“到现在为止，所有厂商的报价都太高了。”

销售员：“所有的报价都太高了？真的是这样吗？”

客户：“是的。”

销售员：“不过，我想您应该不会反对我与您进一步展开合作吧？”

客户：“反对倒还不至于。”

销售员：“那么如果我们有机会再次合作，难道您不觉得我们可以帮助您建立更广泛的客户群吗？”

客户：“嗯，很有可能。”

销售员：“您想我们平时买优质的手机和传真机，都是为了拥有更好的通话质量，对吗？如果我们的产品通过与您的合作被更多人所使用，那么那些受益者第一个想到的就是贵公司的名字对吗？”

客户：“嗯，那倒是这么回事。”

销售员：“所以您不反对我们通过和你的合作帮助更多人建立起一套更实用的电话系统，是吗？”

客户：“是。”

很明显，小李与客户实现成交的方式就是通过一步步地反问，然后将主题引到销售上来。让客户一直未对产品说一个“不”字，小李这样做的好处是有利于掌握谈话主动权，控制整个销售进程，进而可以让整个销售工作引到自己所希望的情况上来。对于销售中的说服工作而言，如果销售员在销售开始时就把产品的卖点亮出来，让客户主动说“是”，认可我们的产品，那么，对于产品存在的某些无关紧要的小缺点，也就不在意了。

同样，这一策略可以运用到任何其他情况的沟通中，那么，我们该怎样做才能让对方在一开始就说是呢？

1. 提出一个对方必定会认可的问题

比如，你可以对客户说：“××先生，您应该知道向来我们的产品都比 A 公司的产品价位低一些吧？”当然，我们在提问前，一定要对所叙述的问题有十足的把握，不能让对方抓住把柄。

2. 循循善诱，强化对方对你的认可

也就是说，在接下来的提问中，我们所提问的也必须是答案为“是”的问题，当然，这些问题还必须是与我们要沟通的主题息息相关的，不然会让对方摸不着头脑。

3. 主动说出对方的疑虑，让对方认可我们

小齐是一名供暖设备的推销员。一次，他要将一批供暖设备推销给某假日酒店，客户对他的产品很感兴趣，但到最后，却并没有如预料中那样顺利地成交。小齐知道问题出在了价格上，于是，他主动提出：“王总，我明白，可能您觉得我们的产品贵了些，这一点，我也承认，但在刚才我给您演示的产品的过程中，您也看到了，我们的设备完全是一套节能环保设备，甚至可以变废为宝，这是其他任何供暖设备所不能做到的，也会为贵酒店带来很多可观的收益……”小齐说完后，对方连连点头，最后顺利签了约。

这则销售案例中，销售员小齐之所以能成功说服客户购买，就在于他能在客户提出价格异议前，主动告诉客户产品“贵”的原因。这样，客户就会打消“购买产品会吃亏”的疑虑，自然会选择购买。

4. 巧妙过渡到我们要沟通的话题上

这是提问的目的，当我们已经得到了对方的认同，已经毫无否定质疑，再提及我们要说的关键问题，对方自然心甘情愿地接受。

总之，我们在与人沟通的过程中，最具说服力的沟通技巧无非是让对方自己承认，让其拒绝之前先说“是”，这样能有效地将对方的拒绝遏制住。

掌握提问的技巧，让对方自己得出结论

我们都知道，与人沟通，我们通常都希望能说服对方，但实际沟通过程中，我们经常费尽唇舌表达自己的观点，对方却未认同，其实，如果我

们改变策略，不直接表达观点而采取提问的方法，让对方自己得出结论，那么，说服工作就简单得多。有这样一则故事：

乔治有一家自己的公司，他的公司专为其他公司提供销售人员和管理人员，在一个星期五的下午，他和他的老同学有一个约会，那天天气很热，当他到达约会地点的时候，发现自己早到了二十分钟。为了不让这 20 分钟的时间白白浪费掉，他决定找个客户进行推销。

乔治看到他所在的咖啡厅对面有一家规模比较大的汽车销售公司，于是，他准备去试试。

经过询问，乔治发现老板并不在公司，而是在对面的接待处。于是，乔治来到这里，他看到汽车销售公司的老板正在和自己的部下商量事情，乔治敲门进去，问道：“我看是您现在应该是在谈如何增加销售额，如何让公司业绩提升吧？”

“年轻人，您找我有事吗？今天可是周五啊，又是午饭时间，你为什么会选择这样一个不恰当的时间拜访我呢？”

乔治满怀信心地盯着对方说：“您真的想知道吗？”

“当然，我想知道。”

“好吧，我陈述一下我的目的，我到这儿原本是约了朋友，但我早到了二十分钟，浪费时间不是我的原则，所以，我想来做个访问。”稍做停顿，乔治又压低声音问：“贵公司大概没有把这种做法教给销售员吧？”

这位汽车销售公司的老板一听乔治的话后，立马改变了自己的态度，稍作停顿后，他微笑着对乔治说：“多亏你，年轻人，请坐吧。”

这里，我们发现，乔治能让客户在百忙中接受他的访问，就是因为他运用了这种“很简单，但却很狡猾”的提问方法来赢得客户的好感。同样，

与人交谈的过程中，我们采用这种方法，也比直截了当地告诉对方我们的观点来得更有效。那么，沟通中，我们该如何提问呢？又该问哪些问题呢？

1. 多问“为什么”

“我想您这样说，必定是有原因的，为什么呢？”“为什么您的销售业绩总比我们好呢？”

这样提问的好处是，对方有足够的时间和机会来回答，并且，因为这种问题是开放式的，对方的回答一般也是发散的，你可以获得更多的信息。因此，当你遇到很多不明白的问题时，你都可以问“为什么”。当然，你一定需要注意的是自己的态度和语气，不要让对方觉得你是在质问他。

2. 问“你的意思是？”的问题

“你的意思是？”这样问时，你可以配合一定的肢体动作，另外，你需要注意的是，当你说完这五个字以后，就不要再说话了，让对方来接你的话，效果会好很多。

3. 问“除……之外”的问题

“我已经清楚了你的意思了，那么，除了这点外，你觉得还有什么比较重要呢？”“我很同意您说的这点，那您还有什么其他的想法吗？”同样，在问这类问题的时候，我们也应该注意自己的语气。只要做到这点，对方一般都是乐意向我们和盘托出的。

例如，如果你是某公司的销售主管，而你发现最近一段时间内，公司的销售业绩一直不是很好，你知道问题出现在销售人员身上，但你也不好直接批评他们，对此，当他把原因归结到前半个月是促销期的原因后，你可以再继续问：“对，前半个月是促销期，那么除了这个原因之外，你认为还有没有其他的原因呢？”导购员说：“其他，我感觉好像这几天没有

以前那么有信心了。”此时，你就应该继续抓住机会问：“是什么原因导致你信心下降呢？”

只要你能坦诚地用心与对方交流，沟通其实并不会很难。

总之，用引导的方式提问，也是高情商沟通学的精髓，善于提问，你几乎可以得到任何你想要的结果。

放缓语速，逐步引导套出对方实话

细心的你，如果关注新闻，可以发现，那些叱咤政坛的风云人物在发表电视讲话的时候大都语速缓慢，语调沉稳，慢条斯理。其实这样讲话并不是因为他们本身语速慢，而是放慢语速能够有助于理清思路，也会让他们显得更有气势，更为威严，掷地有声。因此，我们平时与人交谈的时候，说话不要过于急躁，而是应当放慢语速，这不仅是礼貌的表现，同时也体现出了你沉稳而有把握的心态。

在平时的生活中我们也会遇到这类情商高的人，尤其是在商务谈判或者是与领导交谈的时候，对方总是异常沉稳，不急不躁，说话有条不紊，有种不容侵犯的感觉，而且你容易被对方牵着思路走，这就是放缓语速的效果。警察在审判犯人的时候也是这样，一般在审判犯人的时候，警察不会先说，也不会多说，而是让犯人多说，这样就能够将犯罪嫌疑人的心理防线一点点击溃。俗话说，言多必失，如果你总是滔滔不绝地表达自己的观点，那么别人很快就能够洞察到你的心理活动，从而牵引着你向前走。

美国联邦调查局的资深心理专家布多克说：“那些讲话不快的人，他们都有着一双睿智的眼睛，能够在别人说话的间隙中读懂别人的思维，并搞清楚自己接下来怎么说话更为妥帖。”他说的话的确不无道理，因为说话慢除了能够将思路理得更为明晰之外，还能够减少自己犯错的机会，能够有更多时间去思考。著名的主持人王刚，在跟人交谈的时候总是语速比较慢，实际上在这个过程中他把要说的话全都在脑子里想清楚了，这样就能够做到万无一失，就能够掌控话语权，让自己处于有利的地位。因此，我们在跟人交谈，尤其是谈判的时候一定要放慢自己的语速，加重语调，尽量让别人感受到你语言的力量，这样就能够洞察到别人说话中的漏洞，从而了解到别人的内在心理活动，做出对自己最为有利的判断，发起致命一击，达到自己想要得到的结果。那么，我们怎么才能在慢条斯理的说话过程中洞察对方的心理呢？

1. 放慢语速的同时加快思维

心理学家曾说：“说话慢的时候，思维就要转动得快一点儿，这样才能够让你的下一句话问到核心问题上，从而获取更多的信息。”由此看来，放慢语速是为了让自己的思路更加清晰，而不是让自己的思路随着自己的语速越来越慢。如果你想要观察对方的心理，就应当语速慢一点，注意观察对方，同时思维要高速运转，这样才能够了解对方的真实意图。在现实生活中，很多人在与人交谈的时候，说话像机关枪一样，滔滔不绝，然而他们的思维却跟不上语速，这就导致他说了大半天，别人却听得云山雾罩，没有听清楚他讲的都是些什么。所以，与人交谈的时候，首先要放慢语速，让别人能够完全听清楚你要表达的信息，因为，只有当别人弄明白你说了什么之后，才能够做出相应的反应。换而言之，如果你如江河倾泻一般说了一堆话，可是别人听得糊里糊涂，那么你的一番话就白说了。

2. 语速放慢能够让你更好地摸清对方的心理，了解对方的意图

聪明人跟人讲话的时候，都会不急不缓地表达自己的观点，看似漫不经心，实际上心里都跟明镜似的，因为他一边说话一边在观察你。说话慢的人通常心理上都显得更为成熟，他们在面对问题的时候不会过于急躁，而是会慢慢地观察对方，从对方的话语中听出对方的真实意图。所以，放慢语速能够帮助你更好地观察对方，了解对方的真实想法，对于你达到自己的最终目的是非常有利的。

3. 语速可以放慢，但是不能三心二意

一位犯罪心理学家曾说：“说话慢一点儿总是有好处的，但是你在和另外一个人交谈的时候，你缓慢的语速总是会让对方说得更透彻一些，但是如果你总是不看对方的脸，显得很轻佻，那么别人肯定会终止和你的谈话。”

一个人说话缓慢而沉稳，会显得你胸有成竹，比较睿智，可是如果你讲话的时候不够专心，就会让对方觉得你心不在焉，觉得你瞧不起对方。所以，我们和别人沟通交流的时候，语速可以放慢，但是一定要专心致志，要注意看着别人的眼睛，这样才能够让对方感觉到你是在真诚地与他交流，而不是敷衍，这能够让你获得更多有利的信息。

4. 要将肢体语言和语速相结合

肢体是我们的第二语言，也被称为肢体语言，它是更能表现你真实想法的一个途径。所谓肢体语言，就是通过手势、表情、站姿、空间距离等非语言行为所表达出来的内心意识。

著名心理学家艾宾浩斯说过：“聪明的骗子不但是语言会骗人，而且是身体和心灵都会骗人，他们的一举一动，在透露出自己真实想法的同时，

也能够迷惑对方，而那些不会骗人的人，就是那些总是被自己的身体语言给揭穿的人。”因此，我们在通过放慢语速来掩饰自己真实想法的同时，也应当注意自己的肢体语言，不要因为肢体语言而暴露出自己的言行不一。

开放性问题能营造良好的沟通氛围

我们都知道，人与人之间的沟通是相互的，我们不能唱独角戏，不少人感叹自己缺乏沟通能力，其中一个重要的原因是与对方话不投机。那些情商高的人在沟通中似乎总是能营造出愉快的沟通氛围，而其实，这是因为他们善于提问来挖掘谈资，沟通双方一旦找到了沟通的兴趣所在，便会在一来二往之间增进彼此的感情。但事实上，提问也并非一件易事，因为我们的提问只有在发挥积极的作用时，对方才愿意回答。而这就要求我们多提积极的、开放的问题。因为通常来说，只有开放性的问题才能让双方交谈的范围越来越广，双方才更有谈资，也才能产生积极的沟通效果。

一个刚来到澳大利亚的中国留学生遇到了这样的一件事。

一天，他在街上闲逛，这时，走过来一个金发小姐 ，并对他说：“您是中国人？”

“嗯，”他下意识地回答了一声。

“那么，我能问您几个问题吗？”

“但是我并不懂英语。”他打着手势，装作并不懂的样子。

“请放心吧，只是四个问题。”金发小姐对他微笑了一下，然后问了一连串的问题：“您是学生还是工作了？您最想做的事是什么？将来想从

事什么工作？对未来有何打算？”

听到金发小姐这么问题，他所有的疑问都消除了，他心想，在这样陌生的一个城市中，竟然还有人关心他，关心他的工作、生活，甚至未来等，于是，他也很诚恳地回答了金发小姐的问题：“我还是学生，但我同时也在打工，每天，我都感到很压抑，我没有朋友，因此，我希望和别人交往。在未来嘛，我当然希望从事我喜欢的工作并取得一定的成就。”

“您渴望交朋友、渴望让自己的生活丰富起来，也渴望成功，那么，您想过没，你可以选择一个媒介去帮您实现，对于这一点，我就能告诉您。”

他感到十分惊奇：“她怎样帮助我实现？”于是，他在金发小姐的带领下，来到了她的办公室。接下来，金发小姐告诉他，她的工作是帮助那些有困难的人，根据他们的具体情况，为他们推荐他们需要的书籍，并且，这里的书籍还可以享受九折优惠，于是，这位留学生在最后不得不买了金发小姐推荐的一本书。

在这个案例中，金发小姐成功推销出自己的书，就是因为她善于提问，她先提出一连串的问题，而这些问题，是丝毫没有涉及推销的，并且是从关心留学生的角度提出的，因此，很快便使留学生消除了心理障碍。然后，她再适时地引入销售问题，让留学生产生一种继续想知道的愿望，随后，金发小姐成功推销出书也就成了一个事实。

的确，开放性的问题因为具有很大的回答空间，所以能激发对方的谈话欲望，让对方自然而然地畅所欲言，从而帮助我们获得更多有效的信息。在对方感受到轻松、自由的谈话氛围后，他们通常会感到放松和愉快，这显然有助于双方的进一步沟通。通常来说，开放性的提问方式，有一些典型问法，比如“为什么……”“……怎（么）样”或者“如何……”“什

么……”“哪些……”等等。具体的问法就像案例中一样，需要我们认真琢磨和多实践才能运用自如。

当然，在提开放性问题的时候，我们还需要注意以下几点：

1. 以轻松的问题发问

以轻松的话题开头，最好不要涉及我们的目的，这样，能打消对方的戒心和顾虑，使对方乐于与你交谈。当对方显露出需求，你再主动出击，将问题转变的较明确。例如：

“您好。是周经理吧，我是 ×× 公司的小王，您最近很忙吧。”

“是呀。”

“周总，端午节就快到了，不准备庆祝一下吗？”

“当然了，我们正在安排呢。”

“那我先预祝您节日快乐”

“谢谢，您有什么事啊？”

“我们给您发过一份传真，说明了一下我们公司的业务内容，不知道您收到了没有。”

当然，以这种问法开头，要求我们掌握在交谈中的主动地位，这样问的目的在于一步步引导对方，在对方肯定了我们所有的问题后，自然会得出积极的结论。

2. 不要轻易否定别人的回答

与他人沟通的过程中，如果当你提出某个开放性问题后，对方的回答你不认同，你甚至特别想说服对方接受你的观点，此时，你最好不要一上来就否定对方的观点，因为谁也不喜欢被人否定。相反，如果你能机智、委婉地说出你的观点，然后将对方引导到其他话题来，从而让他们忘记自

己原来的观点，这是能将话题继续下去的明智之举。

3. 提问不要涉及对方的忌讳

每个人都有一些别人不愿提及的忌讳，我们在提开放性问题的时候，最好要避开这类话题，把握分寸，不要伤害到别人的自尊心。

总之，我们能不能成功达到沟通目的，直接取决于沟通氛围如何，我们多提开放性的问题，能使双方在你来我往的沟通中加深感情，从而逐步改变对方，使其接受我们的观点，何乐而不为呢？

“二选一”提问法，助你达成目的

我们在遇到一些问题需要向别人询问答案的时候，方式不能太直接，因为那样比较容易让对方产生抵触心理，同时，也不能给对方太多选择的余地，因为那样的话，对方很可能会举棋不定，无所适从。要想得到正确的答案，我们不妨采用“二选一”的提问方式来套出答案。

心理学大师告诉我们“二选一”是一种非常有效的提问技巧，因为这种方式能够在很短的时间之内让自己掌握主动权，使对方进入到自己所希望的状态之中。比如，当一个探员想约见某一人时，绝不会说“您什么时候有时间”，而是会问对方“您明天有空吗？”这样一来，对方哪怕明天没有时间，也会在下意识里思考一下什么时候有空，然后再给你一个明确的答复。

其实，在现实生活中，很多人都擅长用“二选一”的方式来套出答案，达到自己的目的。

有一个媒婆很会做媒。无论是男是女，只要是有人愿意考虑结婚的事，

她都能有百分之百的把握去给他们做媒。为什么这个媒婆能有如此大的能耐呢？最关键的在于她的提问方式。她说道：“当一个人对婚姻大事举棋不定的时候，你不能问他什么时候考虑婚事，也不能问他为什么到现在也不考虑找对象的问题，而是要直截了当地提问‘是自由恋爱的方式好呢？还是介绍见面的方式好’，如果他做了选择，那就表示事情已经成功了一半，然后再谈结婚的事。”

在婚姻大事上，有很多人往往会因为对自己想要选择的配偶形象太过迷茫而举棋不定，不知道如何选择。为了掩饰这种迷茫心理，他们往往会寻找这样或者是那样的理由。因此，这位聪明的媒婆通常都不会询问他为什么不找对象的问题，而是以“二选一”的方式问他是选择什么样的恋爱方式。如此一来，就会使他产生“是否结婚的问题已经解决了”的错觉，从而顺着你的思路做出选择。

心理学大师告诉我们，在平常的生活中，不能询问别人：“你想要什么”“你喜欢什么”，而是应该为对方提供两种答案来供其选择，只有这样才能有效地将对方引入到一个自己设定的领域当中去。

有一些销售员在销售皮鞋的时候，通常会问客户“您喜欢什么款式的皮鞋”，这种方式看似比较细心，实际上却给客户出了难题，对方一时间也不可能给你一个清晰的答案。如果按照“二选一”的提问方式，就应该说：“先生，您要哪一种？这种鞋美观大方，显得很华贵；而另一种鞋很结实，最适合在日常生活中穿。”当你这样说时，客户就会主动考虑一下哪一个款式更适合自己的问题了。无论他做出什么样的回答，都会落入你设计的“圈套”之中。

“二选一”的提问方式适用于很多场合。比如，一位银行的职员想劝

别人储蓄的时候，往往不会问他要不要储蓄，而是问他是选择活期还是定期的存款方式；一位善于教育孩子的家长，绝不会对不想学习的孩子说什么时候做作业，而是会问“你今天是要复习功课，还是预习功课？”

可见，“二选一”的方法能够让对方按照自己的要求做事，同时也在表象上给了对方一个选择的机会，让对方感觉到结果不是强加给他的，而是他自己选择的。这样就能够很好地维护一下对方的自尊心和虚荣心，从而让对方更好地与你进行合作，最终达成协议。

在向别人进行提问的时候，我们不能简单地问对方“是还是不是”“要还是不要”，除非你有充足的把握让对方回答“是”或者是“要”。

“二选一”的提问方式只是一个规则，并没有特定的形式，使用这种方法进行询问的时候，应该根据不同的情况而选择不同的提问语言，比如：

“你比较喜欢 3 月 1 号还是 3 月 5 号交货？”

“发票要寄给你还是你的助理？”

“你要用信用卡还是现金付账？”

“你要红色还是蓝色的汽车？”

“你要用汽运还是空运？”

当你使用“二选一”的方法提问的时候，相信无论客户选择哪个答案，都能够满足你的要求。

当然，使用“二选一”提问方式的时候，也应该尽量地把握好一定的分寸，注意问话的语气，思考一下所提供两种答案的先后顺序。如果不思考这些问题，只是机械地以这种方式进行提问，很可能会碰一鼻子灰。

提问中的误导策略，让对方不得不说“是”

在法庭上，法官似乎有一套自己的问话策略。他会这样问嫌疑犯：“你是否已经停止殴打被害人了？”此时，如果嫌犯如果回答“是”，则表示他曾经殴打过受害者，如果他回答“没有”就表明他还在对被害人进行人身伤害。而事实上，这位嫌疑犯并不一定真的伤害过别人，但面对法官的这种问话方式，他只好不打自招，因为法官的提问中，已经设置了一个前提，那就是你“你曾经殴打过受害者”，无论怎样回答，这名嫌犯都会被法官误导，进而接受法官的问话。

同样，日常生活中，我们在与人谈话的时候，不妨也运用这一技巧，只要我们能善加运用，就能收到满意的效果。

一般来说，误导策略可用于发问和回答两种语言情境中。

第一，二选一的提问方式。

聪明的发问者总是预先埋下伏笔，让对方不知不觉中失误陷入语言的陷阱。

一位保险销售员去拜访客户，见到客户他说：“保险金您是喜欢按月缴，还是喜欢按季缴？”

“按季缴好了。”

“那么受益者怎么填？除了您本人外，是填你妻子还是儿子呢？”

“妻子。”

“那么您的保险金额是 20 万元呢，还是 10 万元呢？”

“10 万元。”

二选一的提问方式，会让销售员在无形中给客户做出购买的决定。销

售员在推销的过程中，当发现客户有购买意向，却又犹豫不决拿不定主意时应立即抓住时机，采用这样的提问方式，销售员不必询问客户买不买，而是在假设他买的前提下，问客户一个选择性的问题。其实聪明的发问者总是预先埋下伏笔，让对方不知不觉中失误陷入语言的陷阱。因为这是一种使用“是”或“不是”就可回答的问题。如果你前两个阶段完成得不错，在这个阶段就将得到 " 是 " 的答案。

事实上，在销售活动中，销售员经常会这样向客户发问。销售人员应该将产品可能引起的异议进行分类，让客户自己从中选择一个或几个。

例如，推销员可以问客户：“您好，我们的产品有哪些问题让您觉得不太符合你的需要呢？是样式、体积、重量还是口味……”

用这种策略发问时，有我们值得注意的地方，不是所有人都会掉进我们设置的“语言陷阱”中，我们要注意对方的年龄和身份以及文化修养与性格特征，有人为人热情爽快，有人性格内向，有的马马虎虎，有的谨慎小心。每个人的性格不同，气质必然相异，如果没有考虑这些条件而随便发问，便会有意外的状况发生。

第二，回答式误导。

我们来看看下面的一个小故事：

从前，有一位已经年龄过百的长者做寿，因为受同村人的敬重，大家都备了贺礼来祝贺。村里有一个年轻人，游手好闲，经常四处招摇撞骗。除此之外，他还喜欢逞口舌之快，凭借一张嘴巴到处骗吃骗喝，村里人都十分讨厌他。这天，他看见大家都前往老者家里拜寿，就又想去混顿饭吃。所有的来宾还未入席前，这人便对老者鞠躬作揖道：“祝您老人家长命百岁，希望我明年能祝贺您百岁大寿。”

老者马上说：“好啊！我看你的身体没什么大碍，明年一定能来为我祝寿。”

这时，所有来宾一齐哄堂大笑起来，弄得这位平时油嘴滑舌的家伙狼狈不堪，饭也没吃就灰头土脸地跑了。

这位老者所运用的语言策略，正是抓住对方语意的模糊性，让对方不知不觉掉进自己无意中设置的陷阱里去。

当然，我们在运用误导策略回答他人的问题时，也要注意，不是所有人都如故事中的情况一样，我们可以不顾及对方的“颜面问题”。如果对方的问题令我们不好回答，而我们又不能伤害到对方的自尊心，我们最好便要直接误导，而应注意表达的方式，最好的办法是答非所问，先诱导对方犯下逻辑上的错误。

例如你的女友问你：“我长得漂不漂亮？”你该如何回答呢？假如你的女朋友并不漂亮是事实，而你又不喜欢说假话恭维她，你不妨换一种说法：“要是你鼻子再稍稍挺一点，真的就堪称完美了。”这样的回答必然会让女友啧啧称是。此处，你一句简短的话，既点明了女友外貌中不足的部分，又使她乐于接受，感受到来自你的赞美，实在是一举两得。

事实上，很多深谙沟通技巧的高情商者都懂得运用提问的技术来诱导对方的思维，当然，如果你也想将这一策略运用自如的话，首先就要打破这种思维的障碍，多角度思考问题，并注意自己的表达方式，这样，一定能起到良好的沟通效果。

提问法诱导，让对方自己推翻固有言论

我们经常看到法庭上出现这一幕：嫌疑人面对法官的提问，总是否定自己的违法犯罪事实。而此时，法官并没有直接否定他，而是继续循着他的思路交谈，而他没有料到的是，交谈最后，居然自己得出了一套完全推翻自己原本言论的结论，他哑口无言，只好供认不讳，和盘托出自己的罪名。

同样，与人沟通的过程中，对于别人的话，如果你持不同意见，那么，你完全不必要着急否定对方，不妨先用提问法让对方继续说下去，他自然会露出破绽，最后他会自己推翻自己的言论。

在某法庭上，正在进行一宗杀人案的审理，案件经过大概是：犯罪嫌疑人李某因为其女友父母不同意交往而狠心将女方一家三口全部杀害，而李某矢口否认这一点，接下来，法官对这一案件进行审理。

法官：“李某，请你将你的犯罪经过再陈述一次。”

李某：“我已经陈述很多次，这件事是因为我女朋友的父母先动手的，他们伤了我，我出于无奈才无心将他们杀了。”

法官：“迫于无奈？真的是这样吗？好吧，既然如此，那接下来我问你一些问题，你如实回答。案发现场是在你和你的女朋友的出租屋内是不是？”

李某：“是。”

法官：“在案发之前，你女朋友的父母是不是经常去你们的出租屋？”

李某：“不是，之前他们从没去过，当然，我也不希望他们去。”

法官：“为什么不希望他们去？”

当法官问到这里的时候，李某突然害怕起来，说话也开始无法镇定了，

但他深深地吸了一口气，平静了很多。

李某：“因为……因为他们身体状况不是很好，我们在外面租的房子离他们家比较远。”

法官：“那么，他们去你出租屋的那天，是直接带着凶器或者刀去的，是不是？”

李某：“当然不是。”

法官：“他们到了之后是直奔厨房去的是不是？”

李某：“不是，是直奔客厅去的。”

法官：“即便他们是第一次去你的出租屋，到了之后也是直奔客厅，但还是比你更加熟悉这一出租屋的构造而知道厨房都有什么东西，是不是？”

当法官问到这里的时候，李某已经坐立不安了，他的脸上也开始渗出了豆大的汗珠，因为凶案现场就是厨房，而杀人的凶器就是厨房的菜刀，凶手李某虽然一直在回答法官的问题，但是却没想到法官会问到厨房的事，此时，他六神无主，只好全部招认，所以他声泪俱下地说：“法官，我承认，这件事是我做的，我悔不当初，是我一时激动……”

面对行为上的过错，尤其是法律责任，谁都知道，一旦认罪，就要面临法律的惩罚，所以，在审案的过程中，法官要想知道犯罪嫌疑人的作案动机并不容易。故事中的李某在一开始也否认自己的犯罪事实，但是“道高一尺魔高一丈”，这位法官更精明，他深知李某一定会歪曲事实，所以，他反其道而行之，采用心理诱导的方法，故意歪曲事实，反过来问李某，在循循诱导下，李某不得不承认自己的犯罪经过：他对出租屋的构造更清楚，在无需思考的情况下就知道菜刀放在那里。而假如，这位法官采取常规的

问询方法说：“为什么不说实话？”那么，李某必定更加反驳，这样对于案件的水落石出丝毫起不到作用。

中国有句俗语：“最后的赢家才是真正的赢家，要笑就要笑到最后。”这句话一点也不假。沟通中，可能对方会侃侃而谈，始终坚持自己的立场和意见，但这并不代表对方已经掌握了交流的主动权，只要我们巧妙提问，就能找到对方言语间的漏洞，让其自行推翻固有观点，对我们心服口服。

当然，这一情况下的提问，需要我们注意以下几点：

1. 沉住气

我们若想让对方心服口服，就一定不能心浮气躁，而应该沉住气，否则对方一旦察觉你提问的目的是使其推翻固有观点，对方一定会不与你“合作”、继续回答你的问题。

2. 用提问步步为对方下套

通常情况下，人们的思维是有一定局限性的。“最危险的地方也就是最安全的地方”正是这一道理的最好证明。当对方在回答你的问题的时候，他绝不会想到你会用此计再给他“下套子”。因此，我们从对方的思维空隙着眼，往往就能攻其不备，也就能在筑牢我们自己的心理防线的同时瓦解对方的心理防线。

古语有云：“不到黄河心不死。”我们在与人沟通过程中，出于某种原因，对方会一直否认某种观点，此时，我们要想让自己的想法影响到对方，首先要隐藏好我们的意图，然后通过提问引导对方多暴露自己，最终把握好时机，在关键时刻亮出底牌，才能成功说服对方！

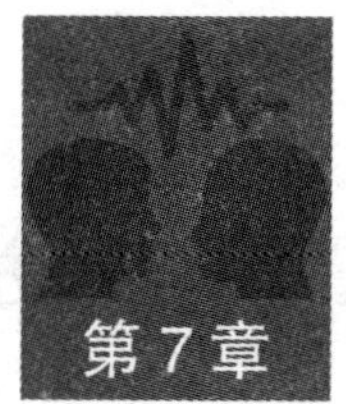

高情商沟通之心理暗示：妙用暗示让沟通方向跟随你的心意

在生活中，可能你会羡慕那些高情商者，似乎他们有某种魔力，只要他们一开口，对方就会按照他的意愿去行动。其实，他们运用的心理学方法叫心理暗示，心理暗示是一种特殊的信息传递方式，它是指在无对抗态度的条件下，用含蓄间接的表达方式对人的心理或行动产生影响。同样，你也可以将心理暗示加入到语言中，这样，你也能用含而不露的语言去影响他人，对方就会在不知不觉中受到影响。

巧妙暗示，消除对方的顾虑

我们在人际交往中，都希望获得他人的信任，因为出于任何目的的沟通都是在建立互信的基础上的，否则交流就无法进行下去。然而，现实的沟通中，不少人却遇到了这样的困惑，怎样才能打消对方的疑虑呢？有时候，直接劝说未必有效果，甚至可能适得其反。此时，你可以通过言语暗示把自己的想法传递给对方，使对方能够打消心中的疑虑。

一般而言，每个人对于自己心中的想法有保密的冲动，他们不希望自己的心思被别人看穿。鉴于对方这样一种心理，即便我们猜中了对方正在焦虑的事情，也不能直接说出来，而应巧用话语暗示，正所谓“曲径能通幽”。

娜娜小姐因公出差，在火车上与一位男士坐在了一起。火车开了没多久，男士就主动打招呼，娜娜觉得自己一个人挺闷，于是就和他攀谈了起来。两人就一些话题聊了起来。

可是，聊着聊着，那位男士竟然将话题一转，冒然发问：“你结婚了吗？”娜娜顿时心生厌恶，迟迟不回答，男士见娜娜突然变得不高兴，显得有点不知所措。

为了打消男士心中的疑虑，娜娜解释说：“先生，我听人说过这样的话‘对男人不能问收入’，所以刚才我并没有问你的收入；‘对女人不能问婚否’，所以你这个问题我不能回答了。请你谅解。”那位男士听娜娜这样一说，尴尬地笑了笑，就不再说话了。

面对男士的唐突问题，如果娜娜保持沉默，就会显得不太礼貌。为了打消对方心中的疑虑，也为了给对方一个台阶下，娜娜巧妙用语言暗示出自己拒绝回答问题的真实原因，同时，这也使男士意识到自己言语的失礼之处。

那么，与人沟通中，我们该如何巧妙运用话语暗示来达到自己的目的呢？

1. 语言随和，努力造成一种轻松愉快的气氛。

要想打消对方的疑虑，你首先在交流前就要努力做到使对方放松。这需要你做到：首先，我们要从自我做起，谈话要直率而坦然，使对方不感到拘谨。另外，我们要多听少说，多给对方表达的机会，你的眼神要随时表现出你对他的理解和认同。

2. 暗示对方的疑虑是没有必要的

以销售活动为例，如果你是一名保险推销员，那么，对方很有可能反驳你："保险是骗人"，此时，你可以这样为客户分析险带来的利益："即使物价会有所上涨，有保险总比没有保险好。而且我们公司早已考虑了这些因素，顾客的保险金是有利息的。当然！我这么年轻在您面前讲这些，实在有点班门弄斧，还望您多多指教……"通过语言暗示对方的疑虑是有必要的，影响他人的心理变化，达到说服他人的目的。

3. 巧妙引用第三方的话

"王婆卖瓜，自卖自夸"，我们一味地正面陈述事实的时候，对方未必相信，此时，你不妨换一种方式来说这件事情，就可以大大消除对方的疑虑。巧妙引用第三方的话，向对方证明你的观点，这就是打消对方疑虑的好方法。比如，你可以这样说"我的邻居已经用了三四年了，仍然好好的"。

这句话暗示出产品质量绝对能过关，虽然邻居并不在旁边，但这已经有效地打消了对方心中的疑虑。

可见，沟通中，要慢慢打开他人心扉，就需要我们学会巧妙暗示，只有这样，才能拉近彼此距离，消除对方的戒备心。

说点俏皮话，暗示对方的错误

沟通是一种复杂的心理交往，而每个人的微妙心理、自尊心往往在里面起重要的控制作用，稍微触及它，就有可能产生不愉快。所以，对一些只可意会不可言传的事情、可能引起对方不快的事情，比如提出对方的错误，对方的不足之处，直言相告等，这时只能通过语言暗示来达到目的。那么，该怎么暗示他人的错误呢？心理学家指出，人们从不拒绝幽默的语言，因此，如果你也能运用幽默因素，能以开玩笑的方式说点俏皮话，那么，便能起到暗示对方、让对方认识错误的效果。暗示批评法，即对事物表达自己的看法，不是通过直说，而是种种可能进行曲说，并达到幽默的效果。

从前，有个人请客，酒席间有一客人，刚一举杯就放声大哭。

主人忙问："老兄为何临饮而哭？"客人回答说："我平生爱的是酒，如今酒已死了，为何不悲不哭？"

主人笑道："老兄差矣，酒怎么会死呢？"

客人故作沉痛的样子说："既然没死，为啥没有一点酒气？"于是满座哗然。

这则故事中，客人发现主人吝啬，没有用好酒待客，但他并没有直说，

而以故意放声大哭诱发主人的疑问：为何临饮而哭？接下来，他依然不回答主人的问题，将主人的胃口吊高，最后才表明没有“酒气”，这样旁敲侧击，真可谓迷离藏趣，令人会心而笑。

不得不说，幽默是一种难得的口才，而懂幽默的人更有魅力，即便是难以直接表达、可能伤及他人的话，他们都能以开玩笑的方式让对方巧妙接受。的确，幽默也是一种暗示的方法，能让对方听出你的言外之意，自己认识到错误，从而加以改正。

具体来说，我们还应掌握以下几种方法：

1. 影射

十九世纪意大利有个作曲家叫罗西尼。

有一次，一个作曲家带了份七拼八凑的乐曲手稿去向他请教。演奏过程中，罗西尼不住地脱帽。

作曲家问：“是不是屋里太热了？”

罗西尼回答说：“不，我有见到熟人脱帽的习惯，在阁下的曲子里，我碰到那么多熟人，不得不连连脱帽。”

很明显，面对这份七拼八凑的乐曲手稿，罗西尼很想指出他的过错，但他没有点破对方“抄袭”“拼凑”，而是用富于幽默的“不住地脱帽”的动作和“碰到那么多熟人”的解释，委婉含蓄地暗示了自己尖锐的批评意见，这种批评虽不如直说那般鲜明尖锐，但它不仅生动形象，而且幽默、含蓄，更富于讽刺意味而耐人寻味。

2. 设疑

一位吝啬鬼，小气得出奇。他在大杯子里仅仅倒上一丁点儿酒，刚好盖过杯底，一位客人向他要一把锯子。

“你要锯子做什么用？”

“为了把杯子的无用部分全部锯掉。”

这个富有讽刺意味的幽默故事，用的正是设疑的暗示之法。

3. 巧借话题

一天，阿凡提去朋友家做客。那位朋友是个爱好音乐的人，他拿出了各种乐器，一件一件地演奏给阿凡提欣赏。

中午过了，阿凡提早就饿得难受，那位朋友还在没完没了地拨弄乐器，并问道：“阿凡提，世界上什么声音最好听？是独塔尔还是热瓦甫呢？”

阿凡提回答说：“朋友，这会儿，世界上什么声音都比不上饭勺刮着锅的声音好听呀！”

这里，假如阿凡提直接表明自己的想法：“我早就饿了，你还没完没了地摆弄乐器干什么？”则显得不得体，所以他及时接过话题，临时用“饭勺刮锅的声音”与音乐家的乐曲声作对比，其实是以此暗示对方该是进午餐之时了。由于转折自然，表达得含蓄而幽默，在不损害对方自尊心的前提下令对方愉快地得到了暗示。

4. 讳言婉语

人们在日常说话中，由于某些原因，需要避讳，于是出现了讳言婉语。从某种角度看，讳言婉语实际上是一种巧妙的暗示，有时会有幽默的效果。

一个泥瓦匠，因为他在喝得酩酊大醉时，说了一句“沙皇陛下在我的屁股底下”，被告到法院。

法院经过认真审理，确认他有罪。记者们要报道此事时，又不能重复那句侮辱皇上的话，真是费尽了心思。

后来一个聪明的记者写的消息被各报采用。那位记者是这样写的：“泥

瓦匠安德烈被法庭判处有期徒刑三年，因为他泄露了一些有关沙皇住处的令人不安的消息。”

经过记者的一番处理，实言与讳言之间形成了夸张性的距离，令人忍俊不禁。

5. 弦外之音

吃饭时，丈夫尝了尝汤，问道：“家里还有盐吗？”

“当然有，”妻子说，“我就去给你拿来。”

“不用了，亲爱的，我以为你把所有的盐都放在汤里了呢？”

这句话暗示妻子做的汤太咸，婉转道来，既亲切，又幽默。

的确，生活中，在我们需要指出他人的错误的时候，会发现，如果直接指出，可能会带来一些负面结果，比如，伤害对方自尊心、伤害彼此间的友谊，或者让对方没面子等，而说点俏皮话，开开玩笑，远比一本正经地指出他人的过失和不足更委婉含蓄，更易让人接受！

委婉传达自己的喜恶，令对方知趣

生活中，相信不少人都遇到过一些不便直言的情况，我们与人沟通，经常会遇到一些不便直言的问题，比如，拒绝别人、指责对方等，如果不顾对方感受和情绪，把自己的想法强加给别人，不仅起不到预想的效果，还会恶化彼此之间的关系。此时，你可以利用言语暗示来传递一些信息，暗示所采取的方式可以是含蓄的语言，但只要对方能够明白你所表达的意思，那么影响他人心理的目的就达到了。通过大量事实证明，心理暗示比

直言快语更能凸显出表达效果，因为它所表现出来的婉转曲折，总是给人以愉快的心情。

我们不妨看看下面的故事：

一天，王大姐来到一家餐馆就餐，发现汤里有一只苍蝇，这很令她倒胃口。于是，她找来服务员，并质问他，可没想到服务员却全然不理，好像没听见她的抱怨一样。

后来，气愤中的她亲自找到餐馆老板，提出抗议：“这一碗汤究竟是给苍蝇的还是给我的，请你解释一下。”

那老板一听，把责任全推在服务员身上，于是，只顾训斥服务员，却全然不理睬她的抗议。

王大姐只得暗示老板：“对不起，请您告诉我，我该怎样对这只苍蝇的侵权行为进行起诉呢？”

那老板这才意识到自己的错处，忙换来一碗汤，谦恭地说：“你是我们这里最珍贵的客人！”

说完，大家一起笑了。

我们不得不佩服王大姐的气度，很多人在这种情况下，势必会大发雷霆，当然，这样做对事情的解决毫无帮助。而王大姐虽然是有理的一方，却没有颐指气使，也没有对老板和服务员纠缠不休，而是借用所谓“苍蝇侵权”的比喻暗示对方：“只要有所道歉，我不会追究。”这样老板也就明白了她的话，“苍蝇事件”自然也就在十分幽默风趣又十分得体的氛围中化解了，避免了双方的尴尬和窘迫，可见，心理暗示的作用。

语言暗示，也就是不明说，而用含蓄的语言使人领会。在日常生活中，很多时候我们都无法直接表达自己的想法，这时候就需要暗示来表达，于

是就出现了一语双关、含沙射影、指桑骂槐等旁敲侧击的艺术性语言。既然可以用暗示的语言来表达自己的厌恶，当然，我们也同样可以用暗示的语言来表达喜欢。

1. 含蓄表达爱情

通过话语暗示来表达爱情，这可以使话语本身具有一定的弹性，不至于对方一拒绝就没有挽回的余地，而且，这也符合恋爱时的羞怯心理。

琪琪在相亲派对上认识了一个男士，开始两人相处的还不错，但很快地，琪琪就发觉两人性格不合，打算找一些借口断绝和对方往来。“下周末我们还去郊外钓鱼怎么样？”临分别的时候，那个男士又邀请琪琪。“下周我们一直都要上班，周末也是。”“那就再下周了。”“那就再说吧，最近总是在周末出去玩，我周一上班都没什么精神，我要回去休息了。”说着，琪琪还适时打了一个“哈欠”。对方马上意识到了琪琪的意思，从那天起就几乎不和琪琪联系了。

这里，琪琪拒绝此男人邀请的方式就是委婉暗示的方法，巧妙地利用暗示的方法让对方知道，你对他提出的意见不感兴趣，他就会知趣而退。比如，你这个周末与某个朋友在一起玩，他希望你下个周末还陪他出去，而你则另有自己的安排，不如就说：“今天时间不早了，周末玩得太累会影响工作的，我该回去休息了。”这样说，你就给对方一个暗示，你并不打算再在周末的时候和他一起出去，对方就明白你话里的拒绝意思了。

2. 委婉表达讥讽之意

在日常交际中，直接辱骂别人，听者当然很容易就能听出来。但如果对方是利用暗示语言来侮辱人，我们就更应该注意了，这时不仅要善于听出别人的恶意，还应该“以其人之道还治其人之身”。比如，安徒生戴了

一顶破帽子，过路人取笑“你脑袋上边那个玩意是什么？能算是帽子吗？”安徒生随即回道：“你帽子下面那个玩意是什么？能算是脑袋吗？”

3. 暗示拒绝

有的人喜欢用暗示来投石问路，这时你也可以用暗示来拒绝对方。比如，面对老乡的借宿的请求，李先生这样暗示拒绝“城里比不了咱们乡下，住房可紧了。就拿我来说吧，这么小的屋子居然住着三代人……你们大老远地来看我，不该留你们在我家好好地住上几天吗？可是没有办法啊！”老乡只好知趣地走了。

4. 暗示自己的不满

有时候，面对他人的错误，我们也最好以双关影射之言来暗示他，迫使对方意识到自己的错误。比如，顾客发现汤里有一只苍蝇，巧妙暗示老板“对不起，请您告诉我，我该怎样对这只苍蝇的侵权行为进行起诉呢？”

人际沟通中，出于各种原因，有时我们会驳别人的观点，这种事情如处理不当，轻则伤害对方，让对方难以接受，疏远彼此间的关系，重则得罪人、结仇家。对此，暗示既表达了自己的意思，又让对方轻松接受。利用话里藏话暗示他人，是每个人必备的口才技巧。

含蓄表达，拒绝朋友也能不伤对方面子

人生在世，谁都不是独立存活于世的，任何人，不论地位高低，身份贵贱，总会碰到一些求人的事。帮助朋友解决问题是我们理所应当的责任，但对于自己无能为力的事或对方的无理要求，我们应当拒绝，但在拒绝朋友时，

无论如何，不能伤及对方的面子。

在我们的身边，总会有一些好朋友，他们会遇到一些难以自己办到的事，自然想求助于我们，如果我们能办到的话应尽最大的努力去办，假若朋友提出的某些要求过分，不是我们个人力所能及的，这就出现了要拒绝他人的问题。

生活中，一些人认为，既然是拒绝，有什么难的，直接说“不”即可，其实不然，如果你全凭自己的兴致，不顾他人面子直接开口拒绝，那么，对方可能会因为失了尊严而与我们绝交，那么，就得不偿失了。

我们不妨先来看看下面这位深谙拒绝艺术的女经理是如何巧妙地说出“不”字的：

某公司的销售部经理刘红是个很善于与人沟通的人，在她的手下工作，很多员工都觉得干劲十足。公司其他领导都羡慕刘红的工作模式——上班只是喝喝茶，发发工作指令，员工们心甘情愿地为其卖命，毫无怨言。其实，这都是因为刘红很善于调动员工们的积极性。

一天，市场专员小王拿着一叠厚厚的资料，来到刘红的办公室，对她说：“刘总，这是这个月的市场调查报告，您有时间整理一下吧。”

刘红最近手头事情太多，而且，整理资料的工作本身就是下属应该做的。于是，她巧妙地拒绝道：“小王啊，你可一直是我最得力的助手啊，你看我桌上的文件，哎呀，你难道要看着我累趴下吗？算姐求你了，帮个忙吧，回头我请你吃饭。”

听到刘红这么说，小王扑哧一声笑了，不到几个小时的时间，他便把整理好的资料送到了刘红的办公室。

案例中的经理刘红拒绝下属的方法就是撒娇法，一句“哎呀，你难道

要看着我累趴下吗？算姐求你了，帮个忙吧，回头我请你吃饭。”让下属看到了领导的可爱，这样一个可爱的领导，有哪个下属还会再好意思进一步要求呢？

在生活中你是否曾经有这样的体验，你似乎总是不愿意拒绝那些对我们示弱的人的请求，因为他们让你感到弱小，从而激发起自己内心的同情和保护的欲望，这也是人们的普遍心理。而事后，你又发现，你根本无能为力。这是很多人惹火上身的理由。实际上，反过来，你可以充分运用适当示弱法，比如，你可以这样拒绝：“你为我想想，我怎么能去做没把握的事？你让我出洋相啊。”这样说，相信对方一定会“收回成命”，另寻他法。

李华是某县城的医院护士长，老家在农村，也就有了几个在农村的老乡。正因为如此，她的正常生活已经完全被打乱了，今天不是老乡生病找她，明天就是老乡求着办事。这倒还好，有些老乡竟然把李华家当成了自己家，吃住全在她家。李华无所谓，但是她的家人，尤其是老公和小孩，对此很有意见。

有一次，两个进城打工的姐妹找到李华，诉说打工之艰难，一再说住店住不起，租房又没有合适的，言外之意是要借宿。

李华听后马上暗示说：“是啊，城里比不了咱们乡下，住房可紧了。就拿我来说吧，这么两间耳朵眼大的房子，住着三代人。我那上高中的儿子，没办法晚上只得睡沙发。你们大老远地来看我，不该留你们在我家好好地住上几天吗？可是做不到啊！”

两位老乡听后，就非常知趣地走开了。

李华运用的就是暗示法，他并没有直接拒绝老乡借宿的要求，只是说

出了自己的难处，老乡自然能听出李华的言外之意，也就知趣的离开了。这告诉女人们，拒绝他人，为了不伤及对方的面子，你最好也用暗示法来拒绝。

但委婉拒绝别人，女人们，你还必须掌握三个基本功：

一是会把握局势。

首先是要听出对方的话中话，然后加以揣摩，这其中会观察的能力很重要。毕竟，交际生活中，很多人都喜欢用隐晦的语言，即便求人办事也是用弦外之音。再者，你要想成功拒绝别人，就要掌控交际局势，你就必须得站在有理的一边。

二是要委婉含蓄地表达。

话要说得有艺术，又让听话之人心领神会，明白你话中的锋芒所在。要想运用暗示法拒绝别人，你就必须要有这一口才，否则，只能弄巧成拙。

三是尽量在善意的氛围中旁敲侧击。

有些人虽然接受了你的拒绝，但却是在逼不得已的情况下接受的，这种人一般会和我们“老死不相往来”，这不是社交的最终目的。为此，我们要懂得不伤感情的、在善意的氛围中暗示对方，让他既能接受，还感激我们“口下留情”。

生活中，与朋友交流与沟通，学会拒绝是我们必备的技能，让朋友了解我们的难处和爱莫能助，在不伤及友情的情况下拒绝，这是最高境界的拒绝，这样，我们彼此之间的友谊便不会因此受损，真心交友便会互助一生！

从众心理：暗示对方这是大众观点

在日常生活中，我们习惯于这样说“大家都这么认为的”“他们都说”“咱们都认为是这么回事”等。于是，当大家的意见无法统一时，在绝大多数时候都会遵循“少数服从多数”的游戏规则。虽然，某些人心里还想着“真理掌握在少数人的手里”，但是他们的语言或行为还是挡不住随大流的趋势，这就是典型的“从众心理”。当大家都认为是这么回事的时候，即便他有什么反对的意见，也会不自觉地隐藏起来，主动表示“赞同”。

我们也可以将这一心理效应运用到与人沟通中，以此来影响对方的观点或意见，也就是在说话时表现这是大众观点，令其从众。

小李是一名化妆品推销员，她销售的品牌并不是什么名牌，但却一直销量很好，这是因为她有一个销售秘诀：每当客户对自己的推销产生质疑时，她都会拿出其他客户所填的意见表以及销售业绩表，她知道，这才是最有力的证据。

有一次，公司来了一位女士，要购买一套护肤品，小李劝了半天，对方还是担心产品的质量：“现在的化妆品质量太没有保障了，化学成分太多。”此时，小李明白，要想说服这位客户，就要拿出最有力的证据。于是，她一边从包中拿出客户意见表，一边说：“您担心产品质量，是可以理解的，毕竟，我一个人的话可能显得空洞，但众多姐妹都这么说，现在，每天都有一些女性朋友结伴来我们店购买这套护肤品。”

“嗯，你说得没错，我看你的皮肤也很好，我相信你，一个喜爱并相信自己产品的销售员，我又有什么理由不相信你呢？”

案例中，销售员小李之所以能打消客户顾虑，将产品推销出去，就在

于她的巧妙暗示，用“客户都这么说”来打动了客户。在购买产品这个问题上，人们都有一个心理，因为在购买心理上，人们都害怕吃亏，而只有当周围的人都已经购买并反映良好时，他们的这种危机意识才会有所消减，这就是人们所说的从众心理。这也就是为什么顾客对产品的反馈情况常常被作为一种证明产品信誉、口碑、质量的事实依据。

在社会中，总会有一些大规模从众行为，似乎每一个人都是凭着“他们都说”“大家都这么认为”来决定自己应该相信哪些是真实的，这时候他们放弃了自己的主见。从众心理的作用，就在于会让人不由自主地选择了身边人的言行作为参照物，不断地寻找出人们一致的社会认同。由于它本身的神奇作用，所以，它常常被人们加以利用，比如用在管理、营销等行业，一些商家会利用从众效应来谋取利益，推销者也会利用从众心理来吸引顾客购买产品。

所以，明白了从众心理的特性，我们也可以通过话语来引导对方的行为，从而操控其心理，比如在说话时表示这是大众观点，令其从众。

1.“大家都这么认为”

当自己在陈述某件事情的时候，为了表示自己的所见所闻是真实的，同时也为了增强说服力，很有必要说明“这件事是大家都看到了，并且我们都认为是真的”。

2.“很多人都这么说”

有时候，当我们在阐述一些信息或事实的时候，对方有可能会表示出怀疑，甚至不愿意相信这是真实的。这时候，我们可以表示这是大众观点，“很多人都这么说”。比如，小王为了表示“生肖里龙和兔确实不和”，不惜说“很多人都这么说的，我朋友身边还发生了这样的真实案例”。

3. 依靠强有力的第三方“他们”“亲戚们”

有的推销员为了说明自己产品的质量，会搬出来强有力的第三方，比如“邻居们”“亲戚们”“他们”等。比如“这个吸尘器真的很好用，我的邻居、亲戚都向我反映说‘十分方便’，特别适合你们这样的家庭主妇”。

总之，在实际生活中，每个人都有不同程度的从众倾向，总是倾向于大多数人的想法或者意见，以此来证明自己不是孤立的。所以，你可以利用人们的这种从众倾向，利用大多数人的观点和意见来影响对方，以此达到自己的目的。

向对方求助，暗示对方有能力做到

社会是一个大舞台，在这个舞台上，我们若想结交友谊，就必须学会在交际应酬中灵活应变，在适当的时候我们需要抬高他人，把优越感让给别人。在交往中，任何人都希望能得到别人的肯定性评价，都在不自觉地强烈维护着自己的形象和尊严，如果你的谈话过分地显示出高人一等的优越感，那么无形之中是对他人的自尊和自信的一种挑战与轻视。而高情商者则会让自己“低人一等”，他们经常使用示弱法求助对方，以此暗示对方的优越性，从而让对方接受自己。

小刘是一家大药房的导购员。有一天，有位顾客前来买药。

小刘：“先生，请问您需要购买什么方面的药？”

顾客：“都有哪些胃药？”

小刘：“我们这里胃药很多，不过我推荐您购买 A 厂生产的胃药，这

是市场上很畅销的品种。”

谁知，这位顾客撇撇嘴，冷笑一声：“这种药品只能去蒙普通人，这厂家用的药材都不是从正道上进的，质量差得远了。我还听说几个月前，这个厂因产品出现质量问题，差点被告上法庭。你说，这种产品，我敢要吗？”

小刘一听，知道遇到内行了，她立刻改变策略，恭维道：“您真行！这么内幕的事都能知道，跟您相比，我们导购员真是井底之蛙了。”

顾客：“那是！我代理过某药品好几年了，医药行业的这点破事，哪能逃过我的耳朵。”顾客得意洋洋。

小刘：“原来是老前辈！刚才我还跟你荐药，真是班门弄斧了。那您觉得用哪个厂生产的药才放心？”

顾客：“告诉你，B 厂生产的药比较可靠，他们靠近原料产地，厂长为人也实在，估计 B 厂生产的药品不会差到哪里去。”

小刘趁机说道：“跟您聊一会，真长见识！你要几盒？我给您拿去。”听罢，顾客痛快地要了两盒。

顾客离开前，小刘还不忘恭维道：“以后，您要常来药店指导工作呀！”

每个顾客在购买前，都会对所购买的产品进行一番了解，这是人之常情。一般情况下，这也是能为销售员所应付的。但如果我们遇到的是一些自视甚高的客户，那么，我们就要利用客户的这种优越感，对顾客进行一番投其所好的恭维，因为专业型顾客自己心中有数，基本上不会听导购员的意见。与其费尽口舌荐药，还不如以请教的姿态，主动倾听顾客的见解，满足其心理。

然而，交际中，我们不难发现这样的人，表面上看，他们能说会道、口若悬河，但一说话，就让人感觉到他很狂妄，因此别人很难接受他的任

何观点和建议。其实，这种人之多数都是因为想表现自己，想让别人认为自己很有能力、看得起自己，但结果却事与愿违，妄自尊大、高看自己、小看别人的人总会引起别人的反感，最终在交往中使自己走到孤立无援的地步，失掉了在朋友中的威信。

有一个领导，想让下属小李给自己办件事——翻译一篇稿子，于是，他把小李叫到办公室，对小李说："小李，你今天看起来不错啊，听说你最近很闲，是不是没什么事情干。这样吧，听说你以前是英文专业毕业的，反正你也是闲着，就帮我把这篇稿子翻译一下，这个周末之前就交给我！"

"周末？今天都周四了，那不好意思，我恐怕要跟你说声抱歉。下周一我就得出差，还需要准备很多资料呢，所以可能没时间为你翻译，对了，科长不是专业英语研究生毕业吗？这点事，对您来说，肯定是小儿科吧。反正我正职的工作都做不好，就别说翻译这么重要的事情了。"

"啊，我知道了，算了，不求你也罢。"

这里，我们看出来，这位领导托下属办事的方式方法实在不对，求人办事，首先最重要的就是态度问题，而他却一开口就贬低自己的下属，说下属很"清闲"，如此一来，对方哪还会想替你做事，这实在是糟糕透顶的谈话。

事实上，生活中，很多人在求人办事的时候，都忽略了这一点，不但不从情感的角度入手反而贬低他人，这样，对方的自尊心难免受到伤害，可能这次他碍于面子帮了你，但久而久之，他就会避开你。

此处，假如这位领导能换一种说法："小李，最近挺忙的吧，现在的年轻人压力都很大啊，单单说工作，要开会，要出差还要兼顾办公室的工作，但能者多劳，有努力就会有收获！我曾听人说你的英文不错，不知能否抽

空帮我翻译一下这篇文章呢？是非常重要的资料，急着要的，行吗？”想必，小李就是忙得焦头烂额，也会在百忙中抽时间为他翻译稿子。如此和气的请托，谁会忍心拒绝呢？

当然，适度示弱把优越性让给对方，并不是意味着我们要卑躬屈膝，要知道，谁都不希望被人恶意奉承；另外，我们求人办事，也要发自真心。西方有句格言：“请用花一样的语言说话。”如果你想获得成功，就不妨多说些示弱的话，暗示对方他的优越性，使你的语言像花一样绽放，让对方心情愉悦起来，与你进行一个很好的交流，为我们奠定一个好的基础。

通过讲故事举例子来传达你的观点

在与人沟通交流中，可能你有过这样的经验：有时候，直接表达自己的想法或意见，对方可能会拒绝接受。此时，就需要我们掌握婉转表达的方法。这种表达方法很多，其中就有讲故事和举例子。无论是讲故事，还是举例子，我们都是通过一些事例来传达自己的观点。我们先来看看下面故事中的夏女士是如何让儿子接受自己的教育的：

夏女士的儿子小小今年五岁，很可爱，周围的朋友和家人都对小小呵护有加。

一次，朋友小张带着女儿过来玩，夏女士和小张在厨房做饭，当他（她）们聊得正开心时，突然哇的一声，夏女士听到朋友女儿哭了，赶紧跑到客厅，此时的小女孩正趴在地上，夏女士赶紧问小女孩怎么回事，原来是小小为

了一个玩具将小女孩推倒了。夏女士立即意识到，应该对儿子进行礼让教育了。

于是，这天晚上，和往常一样，在儿子入睡前，她来到儿子床边，给他讲故事。

“小小，今天我们来讲孔融让梨的故事吧。那么，谁是孔融？孔融是孔子的第二十世孙，他是泰山都尉孔宙的第二个儿子。

在孔融七岁的时候，有一次，正好是他祖父的寿辰，来访的客人很多。宾客来齐后，便开始上菜，这时，端上来一盘酢梨，放在寿台上面，母亲叫孔融把它分了。于是，孔融就开始只按照长幼的次序来分，而轮到自己的时候，他给自己挑了一个最小的。父亲很奇怪地问：‘为什么你给其他小孩分的都是大的，却独独给自己留了个小的？’

孔融从容答道：‘人们都说，树有高低。人有老小，我们晚辈，自然要尊敬长辈，这是做人的道理。’父亲听到这一番话很欣慰。

有一次，父亲的朋友来看望父亲，顺道带了一盒梨子，便叫孔融跟兄弟们分了吃了。孔融又挑了个最小的梨子，其余按照长幼顺序分给兄弟。父亲问，这又是为什么呢？

孔融说：‘我年纪小，应该吃小的梨，大梨该给哥哥们。’父亲听后十分惊喜，又问：‘那弟弟也比你小啊？’孔融说：‘因为弟弟比我小，所以我也应该让着他。’”

听完夏女士的故事，儿子小小羞愧地说：“妈妈，我错了，我不该和妹妹抢玩具，我以后也会和孔融一样懂事的。”

这则故事中，很明显，夏女士对儿子的教育起到作用了，这里，她运用的就是讲故事的方法，让儿子明白了做人应该礼让的道理。

事实上，自古以来，那些颇具智慧的大臣在向君王进谏的时候，都会用到这样的表达方式。比如，在“邹忌讽齐王纳谏”中，邹忌并没有直接说出自己的建议，而是通过举例子来表达自己的想法“臣诚知不如徐公美。臣之妻私臣，臣之妾畏臣，臣之客欲有求于臣，皆以美于徐公。今齐地方千里，百二十城，宫妇左右莫不私王，朝廷之臣莫不畏王，四境之内莫不有求于王：由此观之，王之蔽甚矣”。所以，我们在与人沟通的过程中，若是遇到不好说的话或者不好表达的意见，你也可以巧妙地通过讲故事、举例子来传达给对方，让他明白自己的用意。

当然，运用这一方法，你还应注意的是：

1. 选择有代表性的故事或例子

在谈话中讲故事或者举例子，都可以起到使谈话内容具体、增强说服力的作用。但是，我们在选择故事或例子的时候，需要注意其代表性。如果你讲了一个很长的故事，却因为不具备代表性而使对方不知所云，这样就无法达到沟通的效果。

2. 注意故事或例子的适当性

当我们在讲故事或举例子的时候，还需要注意其量的适当性，不能老是在谈话中讲故事、举例子。偶尔在谈话中穿插一个故事或例子，这样让人很新鲜，但经常使用也会使人心生厌烦的。

3. 注意表达的隐晦性

当我们在选择讲故事或者举例子的时候，肯定是想避免直接表达带来的弊端。因此，即便是在讲故事，或者举例子，我们也要适当注意表达的隐晦性，不能直白地在故事中阐明自己的想法。我们所需要表达的想法和意见，完全可以借助于故事或例子去作婉转表达，这样才能更好地影响对

方的心理。

的确，有时候，如果直接说出自己的意见或想法，对方有可能会拒绝接受，这就需要具有隐晦性而又有代表性的事例来加以表达，一方面可以省去了直接表达带来的弊端，另一方面还可以增强说服力，同时，这样的表达方式也更容易让对方接受，继而影响到对方的心理。

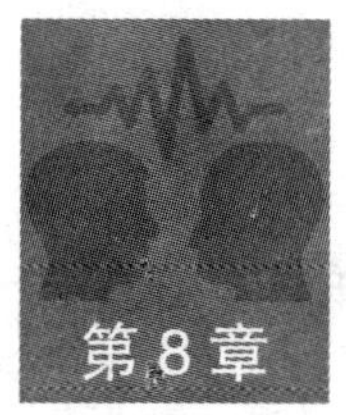

高情商沟通之尴尬化解：灵活应对言语尴尬和窘境

在与人沟通的过程中，即便是那些高情商的沟通高手，也难免会出现语言失误、意见冲突所导致的尴尬现象。无论是什么原因，只要出现了尴尬场面，就容易导致不愉快甚至是沟通的中断。故而，突破僵局和化解尴尬就成为了人们需要掌握的一门艺术。

幽默是化解僵局的一剂良药

在日常生活当中，与人沟通，我们和别人难免会因为对某些事情的看法不统一而产生分歧和矛盾。一旦产生了分歧和矛盾，就等于是将双方带入了僵局。在僵持的气氛中，如果你寸步不让，“据理力争”、不依不饶，就会让矛盾扩大，还有可能让双方反目成仇。要想迅速摆脱僵局，就应该采用比较委婉而又有效的方法。而这个委婉而又有效的方法则是幽默。

心理学沟通大师告诉我们，尴尬的局面并不是别人有意而为之，很有可能是无意时犯的错。遇到了这种情况，我们需要做的是通过恰当的交流方式来让双方摆脱尴尬，而不是用激烈的方式激化矛盾。而这个恰当的方式就是幽默。

一辆行进中的公交车由于司机的紧急刹车，让全车的乘客猝不及防，车厢里一位男子撞到了一位女孩身上。

这位女孩看起来非常生气，便冲着那个撞她的男人骂了一句:“德性！”

可是那位男子并没有生气，而是立即对着这女孩子解释到 “对不起，这和‘德性’无关，这只是‘惯性’。”

顿时，这位男子的一句话引起了全车人的笑声。“德性”是骂人缺德，这位小伙子当然知道，但是在这种场合一本正经地对小姑娘解释，或是回敬她一句更不好听的话，很可能就会引起两个人的争吵。而这样一句“惯性”既是对自己没有站稳的科学解释，又是对姑娘骂人话的最好纠正和回敬。

车上的乘客纷纷对这名男子竖起了大拇指。

果然，姑娘听后不再生气，反而对这名男子用微笑报以歉意。

潜在的“风波”被男子幽默的语言给化解掉了。

幽默是一种动人的智慧，是一种穿透力，一两句话就把无形的、讳莫如深的东西说出来。它包含着无可奈何，更包含着健康的希冀。幽默是人际交往中的一种润滑剂，是化解尴尬的“清道夫”。它往往通过大家同笑的方式来弥补人与人之间的思想鸿沟，架起感情沟通的桥梁，增加人与人之间的信任。

在人与人之间发生矛盾的时候，应该多用幽默的“润滑剂”，而不能把事情搞得越来越僵。幽默的人往往会在几句轻松俏皮的话语之后让环境中产生神奇的效果，让严肃的气氛变得轻松、活泼起来，不仅让自己摆脱了窘迫的处境，同时还会传递出一份宽厚和善意，让那些对你有偏见的人迅速改变他们的看法。说出的是幽默的语言，而表达的却是一个人的机智和心胸。

有一次，一位作家到一个大学里去做演讲。在演讲的过程中，有一个女生直言不讳地问他说：“你在演讲的时候一再强调文学要反映真实的社会生活，你的作品里所描写的都是真善美的一面，但是实际的生活却总是充满了丑陋与凶恶，这一点在你的作品中却没有丝毫的表现。我想问一下，你大唱赞歌却不敢揭露社会现实是因为什么？你这样做，算不算是一个合格的文艺工作者？”这个女生提问十分大胆，没有给这位作家一点儿的面子，有一种不把他逼上绝路誓不罢休的气势。作家想了一下，就问那个女生说：“你喜欢拍照吗？”那位女生点了点头。作家就又问道：“你的脸上有漂亮的时候，也有长痘痘的时候，那么你会在长痘痘的时候去拍照片吗？”他这样一问，周围的人都情不自禁地笑了，那位女生也就不好继续去责难他。

面对善意的责难，我们应该保持一个平静的心态，万万不可表现出愤

怒来。怒火中烧，烧坏的只是自己的大脑，很可能就会让自己下不了台。在这个时候，最好的办法还是运用幽默的回答或者反问去应对这些尴尬的问题，既给自己一个台阶下，也可以缓解一下紧张的情绪，同时也免得祸及不相干的人。

不过，幽默不等于滑稽，也不等于尖刻地去挖苦别人。在运用幽默让自己摆脱尴尬的时候，需要注意以下两个问题。

1. 幽默要表达的是善意

友善的幽默表达的是人与人之间的真诚友爱，它能拉近人与人之间的距离，填平彼此之间的鸿沟，是和他人建立良好关系的不可缺少的举措。当一个人与他人关系紧张时，即使在一触即发的时候，幽默也可以使彼此摆脱不愉快的窘境，消除彼此之间的矛盾。

2. 幽默要分清场合

幽默是交际场合的重要手段，但并不代表任何场面都适合运用幽默的方式。在比较严肃的场合，最好不要用这种方式。比如在追悼会上，每个人的心情都是十分沉重的，说些玩笑话，运用“幽默”的话，最终很可能会达到不可收拾的地步。

巧打圆场，让他人感谢你的善解人意

高情商的沟通大师告诉我们，当我们遇到尴尬的时候，需要通过一定的技巧来让自己脱身。如果别人也遇到了类似的情况，也应该有责任和义务去给对方提供“台阶”，巧打圆场，让其摆脱困境。事实上，同一个场

合下，别人的尴尬也就是自己的尴尬，如果袖手旁观的话，不但会让别人的难堪继续进行，还会给自己带来种种不便。因此，无论从哪个角度上来说，我们都有义务帮助别人摆脱困境。

有一个朋友过生日，请亲戚朋友在饭店里吃饭。他还特意穿上了他以前去中国旅游时买的一件乳白色的蚕丝衬衫，自我感觉非常好。酒席宴前，他神采奕奕地向大家敬酒。结果一个朋友突然冒出了一句："哥们儿，这衬衫可过时了啊！什么年代的东西了？看，上面是什么啊，疙疙瘩瘩的！"过生日的这个朋友听了脸色很是不好看，半天都说不出一句话。这时候，一位先生站了出来，对那个大煞风景的朋友说："我的朋友，你这就是外行了。这是蚕丝衬衫，价格贵着呢。而且这种衬衫不会有褶皱，不管多少年，照样跟新的一样。"饭桌上的其他人也立即应和着，纷纷称赞主人的衬衫珍贵而漂亮。过生日的朋友紧皱的眉头也舒展开了。

每个人都爱听好话，如果当事人感到非常懊恼或者是不快的时候，你就可以适时地站起来，多说几句好话来维护一下他的自尊心，化解他遇到的尴尬。当然，要想成功地打圆场，不能依靠一个固定不变的公式去行事，而是要根据实际情况，区别对待，或制造轻松气氛，或肯定双方看法的合理性，或找到双方都能接受的解决方法等，来消除别人心头的不快。

在巧打圆场这个问题上，以下是几点建议，我们可以根据实际情况来进行灵活运用。

1. 找个借口，给对方台阶下

有些人之所以在交际活动中陷入窘境，常常是因为他们在特定的场合做得不合时宜或不合情理，于是就使整个局面更加的尴尬和难堪。在这种情形下，最行之有效的打圆场的方法，莫过于换一个角度或找一个借口，

以合情合理的解释来证明对方有悖常理的举动在此情此景中是正当的、无可厚非的和合理的，这样一来，对方的尴尬解除了，正常的人际关系也能得以继续下去了。

2. 善意曲解，化干戈为玉帛

在交际活动中，交际的双方或第三者由于彼此言语之间造成误会，常常会说出一些让别人感到惊讶的话语，做出一些怪异的行为举止，从而导致尴尬和难堪场面的出现。为了缓解这种局面，我们可以采用故意“误会”的办法，装作不明白或故意不理睬他们言语行为的真实含义，而从善意的角度来做出有利于化解尴尬局面的解释，即对该事件加以善意的曲解，将局面朝有利缓解的方向引导转化。

3. 善用假设，巧避锋芒

有些情况下，别人的难堪是由于自己的坚持所造成的。在这个时候，如果你不想放弃自己的意见，也不愿意让对方下不来台，就可以利用假设句去帮助对方化解尴尬。

比如，你在和师长、上级辩论，你认定自己的观点绝对正确，不能让步，可是出于礼貌或无奈不能坚持，在这两难境地，假设句可以说是很好的解围方式。一个学生和班主任争论男生能不能到女生宿舍串门，老师一口咬定绝对不能。学生很长时间不能说服老师，又见老师似有怒意，为了结束争论，给老师一个台阶下，他巧妙地说：“如果老师说得正确，那我肯定错了。”这本是一句废话，并没有肯定老师的观点，然而这位老师听了却不再争执。

由于附加了假设的条件，使表达变得婉转，所以问话人、说话者和涉及对象都能接受。

4. 审时度势，让各方都满意

有时在某种场合中，当交际双方因彼此不满意对方的看法而争执不休时，很难说谁对谁错，作为调解者应该理解争执双方此时的心理和情绪，不要厚此薄彼，而要对双方的优势和价值都予以肯定，在这个基础上，再拿出双方都能接受的建设性意见，这样就容易为双方所接受。

说点软话，消除对方的不愉快

在沟通过程中，由于说话者的心情激动、情绪失控等原因，说出一些不该说的话而造成尴尬也是在所难免的。遇到了这种情况之后，我们不能任由尴尬事态发展，而是要学会用说“软话”的形式来消除对方的不愉快，最终让沟通重新走上正常的渠道。

有很多人认为，说“软话”是服软的行为，是对个人尊严的侮辱与践踏。这样想就错了。心理学大师告诉我们，在沟通中必然会存在语言和心理上的较量，但是较量并不等于战争，沟通也不是吵架，而是为了更好地进行协商与合作。如果在遇到尴尬情况的时候你不懂得让步，不愿意“服软”，就会将沟通变成战争，把对手变成敌人，最后非但不能达成意见上的一致，反而还会闹个不欢而散。因此，在这个时候说一些“软话”就是必要的。

说“软话”也需要一定的技巧和方法。以下是几点建议，我们可以来参考一下：

1. 注意对方的年龄

（1）对年长的人：向他们说软话的时候，就要把自己的姿态放低一些，

表现的谦恭一些。或许，造成尴尬的原因在他而不在你，但你也不能说“我不会生您的气”之类的话，因为这样非但不能消除矛盾，还会让其进一步激化。在这些年长者面前，你可以说一些“您老德高望重，大人不记小人过”“我太年轻，少不更事，您老别和我一般见识”之类的话来安慰他，劝说他。

（2）对于年龄相仿的人：对待年龄相仿的人姿态不能放得太低，因为那样会给人造成一种“矫情”的感觉，“软话”也不能说得太过，否则，对方就会认为你是一个没有底线、没有原则而又窝囊的人。在向他们说“软话”的时候，你的态度可以表现的随便一些，也可以开一些无伤大雅的玩笑来缓冲一下气氛。

（3）对于年纪比你小的人：年龄比你小的人无论是工作经验还是社会经验都无法和你相比，这是你的优势，也是他们最敏感的地方。向他们说“软话”的时候你不能在这方面大做文章，说什么“年轻人犯错误是正常的”之类的话。这些话在你看来是服软，但是在对方看来却是挑衅和教训。

2. 要注意对方的语言习惯

在经济全球化的时代里，我们会遇到来自不同国家和地区的人，和他们在一起沟通的时候就要注意对方的语言习惯。

3. 要注意对方的性格特征

在说“软话”的时候还应该考虑一下对方的性格特征。比如，如果对方是一个遇事非常敏感的人，你在说“软话”的时候就不能开玩笑，绕弯子，以免让他想得太多；如果对方是一个直性子，喜欢直来直去，你就可以以轻松的语调开一些玩笑；如果对方是一个非常强势的人，你就要不卑不亢地告诉他你是偶尔失误才说错话的，如果你表现得太软弱，他就会觉得你是个不硬气的家伙，如果你表现得有些强硬，对方就觉得你拒不认错，意图反抗。

4. 要注意对方的心境

当尴尬出现的时候，每个人的心里都会不痛快，但如果细细区分一下的话就会发现不同人的心境也是各不相同的。比如，有的人在遇到尴尬之后可能会觉得悻悻然；有的人则会勃然作色，准备起身走人；有的人则会直言告诉你“你怎么能说出这样的话来”。面对不同人的不同心境和不同反应，你在说“软话”的时候就要做到具体问题具体分析，选择正确的说话方式和语言。比如，面对悻悻然的人，你就可以表情轻松地对他说：“实在不好意思，刚才说错话了”；对准备起身走人的人就要适当地把身段放低，对他说：“对不起，我没想到刚才说的话深深伤害了你”；面对指责自己的人说：“实在抱歉，我原本只是想开个玩笑的，没想到您并不喜欢”等。毕竟，“软话”也需要看人说，如果在语言的选择上犯了张冠李戴的错误，最后很可能会引来南辕北辙的结果。

转换话题，从尴尬境地解放出来

在和别人交谈的时候，谁都希望有一个融洽、和谐、欢快的交际氛围，不愿意碰到尴尬的局面。然而，实际情况往往不是我们理想中的那样，在很多时候，常常会因为一些人的惊人之语和奇谈怪论而把整个交际场合带到比较尴尬的境地。

当尴尬发生时，原本热闹的交谈气氛就会戛然而止，参与交谈的人就会面面相觑。遇到了这种情况，我们千万不能着急，也不能束手无策，任由事态发展，而是要充分发挥自己的聪明才智，动脑筋想办法扭转尴尬的气氛。那么，究竟用什么办法好呢？此时，我们可以巧妙地扭转一下话题，

转换一下众人的注意力，轻松化解难堪的局面。

在一次同学聚会上，久别重逢的人们十分高兴，亲热地聊起了天。或许是酒喝多了的缘故，一个男士对着一名女士开玩笑地说：“当初你追求我的时候，我拒绝了你，现在你是不是还对我念念不忘呀？”这本来是一句玩笑话，虽然有些过火，但在同学聚会的欢快气氛之中也是无伤大雅的。但是，这位女性可能是因为心情不好，听到之后竟然勃然作色，指着那个男士大骂：“你神经病啊！你也不撒泡尿看看你那副德行，哪个人会瞎了眼追求你这种长相谦虚、心理龌龊的人？”她的声音很大，压过了别人的谈话，顿时热闹亲切的场景一下子冷了下来，大家都感到异常的尴尬。这时候，另外一个女士站了起来，笑着说道：“多年不见，我们的公主还是脾气没变呀，她喜欢谁，就说谁是神经病，说的越是刺耳，就说明喜欢的越厉害，我说得没错吧？”这番话说完，大家就很自然地想起了美丽的大学生活，不由得七嘴八舌地相互开起玩笑来，刚才的不快就像没有发生一样，一场风波就在短短的几句话中得以平息。

无论在什么场合下，谁也不愿意遇到窘迫与难堪。但是，在实际的交谈场景中，由于事先没有做好充足的准备，一些意外还是发生了。在这个时候，追究谁对谁错是最愚蠢的选择，唯一能做的是想方设法扭转话题改变尴尬的场面。

转换话题是一个行之有效、屡试不爽的好办法，不过，在使用这种方法的时候，我们需要注意一下，要在不动声色之际转移话题，这样既不显得太突兀，又能够巧妙地将他人的注意力转移到其他的事情上去。

课堂上，一位实习的老师正在黑板上写板书，刚刚写完几个字之后，突然有学生大叫了起来：“实习老师写的字比我们李老师写的字好看多了！”

此言一出，语惊四座。有口无心的学生不会想到，坐在后排听课的李老师是多么的尴尬，心里是多么的不舒服。而这位实习老师，刚刚走出校门，就碰到了这样让人尴尬的场面，着实让人头痛，如果处理不好的话，很可能影响和李老师之间的关系，让两个人在实习期里都会因为心里的疙瘩而不好打交道。这个时候如果用谦虚的话来贬低自己并不能很好地解决问题。这位实习的老师在情急之下灵机一动，装作什么也没有听见，继续写板书，头也不回地说："是谁不安安静静地看课文，在下边大声喧哗？"

此言一出，让后座的李老师长吁一口气，感觉自己的面子得以保全，顿时轻松多了，尴尬的局面也就随之得以消除。

这位实习老师可谓是转换话题的高手。在尴尬的场合下，他能够避实就虚，躲开学生的夸奖，而是很自然地告诫学生不要在课上大声喧哗。从明处看，他是在训斥学生，从实际上看，却是在告诉坐在后排的李老师"我根本不知道学生说了些什么"，同时又制止了学生继续称赞的兴趣，从而避免了再次造成尴尬的局面。

遇到尴尬并不可怕，可怕的是你不知道怎样化解它。在尴尬发生的时候，如果你把所有的精力都集中到尴尬话题的本身的话，只能让这种难堪的气氛持续发酵，带来更大的窘迫。为了避免发生这样的情况，我们就要巧妙地转换话题，化尴尬于无形之中。

恰当自嘲，助你摆脱困境

我们在和别人交流沟通的时候，难免会因为与人语言不和、意见相左等

问题而发生一些争执，也难免因为他人有口无心或者是别有用心的话而将自己置于非常尴尬的境地。遇到了这种情况，人们往往会进退两难，不知所从。那么，如果遇到了这些情况，该如何让自己从容地摆脱困境呢？沟通高手们通过多年与人打交道的经验，为我们提供了一种行之有效的方法——自嘲。

艾来德是一名优秀的探警。不过，他的相貌比较丑陋，为此没少受到他人的打击和嘲笑。不过，艾来德并不介意，相反，还能够以此来进行自嘲，利用他的“丑脸”来做文章，摆脱困境。

有一次，他去一个知情女市民家里调查情况。但是，那位女市民对他并不感兴趣，非但不配合他的工作，反而还把他给大大地挖苦了一番：“警官先生，你彻底颠覆了警察在我心中的形象，你应该是我见过最丑的人。”艾来德听后并没有生气，而是耸了耸肩膀，回答说：“夫人，我也没有办法啊，您看看能给我提出什么建议吗？”那位夫人听了之后，“扑哧”一声笑出声来，又深感不好意思，就把自己所知道的情况一五一十地告诉了艾来德。

还有一次，艾来德因为一件案子与他的同事布兰奇发生了争执。两个人在办公室里大声地争吵了起来，布兰奇用手指着艾来德的鼻子大骂，说他人格有问题，说一套做一套，表里不一，简直就是一个有两张脸的人。争吵声引来了其他办公室的同事，他们都站在办公室门口看热闹。艾来德见状，就做出非常无辜的神情，对大家说：“刚才布兰奇说我有两张脸，那么，请大家想一想，如果我有两张脸的话，为什么还要带着这一张丑脸来和大家见面呢？”众同事听了，开怀大笑，布兰奇也忍不住笑出了声。

由此可见，自嘲的作用是非常大的。从这个故事当中我们也应该明白这样一个道理：遇到了困境，恼羞成怒、反唇相讥并不会有好结果，反而还会让自己更加难堪。如此一来，别人也会认为你是一个没有气度而又不

够聪明的人，也就很可能会瞧不起你。

有很多人认为，自嘲简直就是自虐，是对自己尊严的践踏和侮辱。然而，心理学家对自嘲却有着不一样的解读：

1. 自嘲其实是一个人自信的具体表现

顾名思义，自嘲就是自己嘲笑自己，拿自身的缺点“开涮”，以此来博他人一笑。如果一个人不具备强大的自信，绝对不会做出这样的事。一个不自信的人对自己的缺点和不足只知道遮掩和辩护。不但自己不想提，也不愿意让别人说，别人一旦说出，他们就会做出过激的行为，如此一来，就会显示出他们的自卑和心胸狭隘来。而那些自信心很强的人呢，知道这些缺点不会盖住优点的光芒，不认为这些弱项会削弱自己的能力，所以才敢于“自揭伤疤”，而他们往自己的伤口上撒盐，不但没有遭到他人的嘲笑，反而赢得了越来越多人的尊敬。

2. 自嘲可以显示出自身的幽默感

据说古希腊哲学家苏格拉底的妻子是一个泼妇，她常常会对苏格拉底大发脾气。很多邻居都非常同情这位可怜的哲学家，但是苏格拉底却并不介意。有一次，他的邻居嘲笑他是一个懦夫，苏格拉底却不急不恼，而是笑呵呵地对邻居说:“有这样的一个老婆多好啊，他可以锻炼我的忍耐能力。”

如果换做旁人，要么会和邻居争吵起来，要么就会回去和妻子吵一架，但苏格拉底却没有这样做，他接过邻居的话，对自己进行了一番嘲笑，这样不但没有让邻居的“别有用心”得逞。还显示了自己的机智与幽默。

3. 自嘲能够迅速化解尴尬气氛，转换交流氛围

我们知道，出现了尴尬场面之后，如果有人帮助化解的话最好，如果别人不帮忙，只能靠自己的努力了。在这个时候，运用自嘲往往能够给自

己一个台阶下，也能以此来淡化焦点，迅速化解尴尬的气氛，让人们的注意力转移到其他的事情上来。与此同时，一个人在运用夸张的手法将自己的缺陷进行扩大的时候，就能够让人了解到他诚恳的态度、宽广的心胸，也能在最短的时间之内赢得他人的信任和支持。

委婉一点，侧面点拨让对方逐步接受

在工作和生活中，有不少人喜欢追求“表里如一”。他们认为，作为一个正直豪爽的人，在语言上也应该直接坦率一些，没有必要藏着掖着，欲说还休。这种想法和做法是错误的，在和别人打交道的过程中，如果以这种方式对人的话，就很有可能出现僵局，让交谈的双方都下不来台。

做人固然要正直、坦荡，但在说话的时候不宜采取过于生硬和直率的方式。尤其是在双方意见不能达成一致的时候，采取这种方式就会让矛盾更加尖锐，造成不良结果。这是因为，不恰当的直言相告从某种意义上来说是对别人的否定，是对其自尊心的践踏，会招致他人的反感情绪和敌视心理。为了避免出现这样的情况，我们就要尽量避免说话过于直接，采用比较委婉的方式来进行巧妙地表达，进而让对方逐步接受我们的意见。

在现实生活中，有许多聪明的人，能够用比较委婉的方式表达意见，从而取得良好的效果。

有一家大型的外资公司，员工们对公司的低待遇强烈不满。公司领导尽管知道这一点，但却无动于衷，不愿意改善员工的待遇。因为，在这位领导看来，工作人员都是智力平平之辈，能力上更是乏善可言，对公司也

没有认同感，在工作上缺少应有的激情，没有必要在他们身上浪费太多的金钱。当别人对他提出意见的时候，他就毫不客气地说："我能收容你们就不错了，就你们这样的工作能力和做事态度，哪一个公司也是不会要的。"

备受打击的员工心冷到了极点，工作热情更加低落，上班时常常迟到。秘书看在眼里，急在心里，最后他决定向领导提议改善一下员工的待遇。

他找到领导，说："现在公司的大部分员工简直是没有办法来公司上班了。"

领导问："为什么呀？"

秘书回答："坐出租车吧，价钱太贵坐不起；坐公交车吧，又经常挤不上车；而且每月的交通费也是一笔不小的开支，他们根本拿不出这笔钱来。"

说完，秘书就叹了口气，两眼盯着领导。没想到，领导却说："那就让他们安步当车吧，一文不费，而且可以借此运动身体，不是一个很好的办法吗？"

谈话陷入了僵局。但是聪明的秘书却没有知难而退，他接过领导的话说："不行啊，把鞋袜磨破了，他们买不起新的。不如这样吧，请您发出一个告示，提倡光脚走路，号召大家赤脚走路上班，这个问题不就解决了吗？要怪就怪他们生不逢时，生活在这个年代。谁让他们不去想发财的门路，却当苦命的员工？他们坐不起出租车，也不能鞋袜整齐地到公司上班，都是咎由自取！"

这位秘书边说边笑，领导听了心理总感觉不是滋味，最后终于答应改善下属的待遇。

这位秘书并没有直冲冲地去劝说领导改善下属待遇，而是用开玩笑的方式含蓄地进行劝说。他没有说领导的一句不是，而是用嘲笑下属的形式来表达意见。尽管他是在批评领导太吝啬，但因为采取的方式得当，最终不但没有惹怒领导，还让领导认识到了自己的错误，主动去提高员工的待遇。

当然，委婉表达自己的意见也需要一定的方法，以下是几点技巧：

1. 留有余地

说话不要说的过于绝对，以免给对方造成抵触心理，同时也让自己失去回旋的余地。

2. 间接提示

通过相联系的事件或者道理，“间接”地表达信息。让对方在推理中去感知，从而更好地接受你的意见。

3. 旁敲侧击

不直接切入主题，用打擦边球的形式说一些看似不相干的话，让对方在似有似无的语境中明白你的真实意图。

4. 比喻暗示

将一些道理放在与之相类似的、具体的事例之中，从而让对方更好地领会你所要传达出的信息和要表达的内容。

5. 多用设问句

祈使句往往会显得比较武断和蛮横，让别人觉得你是在高高在上地发布命令；而设问句则是把双方放在了对等的位置，用商量的口吻去探讨问题。因此，后者更容易让人接受。

6. 先肯定，再否定

出现意见分歧的时候，不能粗暴地去全盘否定对方的观点，而是先找出对方合理的意见进行肯定和赞扬，然后用转折句引出下文，提出更合理的意见和建议，以便于让对方愉快地接受。

被拒绝后如何应对

不少沟通高手也会遇到被拒绝的时候，遭到了他人的拒绝，就等于是自尊心受到了伤害，让自己进入了尴尬的境地。遇到了尴尬之后，他们的心情也会不痛快，不过，他们并没有因为自尊心受到了打击就向对方发起猛烈的攻击，而是采取正确的方法来让自己摆脱尴尬。

遭到别人拒绝之后，沟通大师们是用什么方法来应对的呢？下面我们一起来看一下：

1. 可以脸红，但绝不能心慌

当尴尬突然出现的时候，瞬间脸红属于正常的心理反应，也是在所难免的事情。不过，要尽量缩短脸红的时间，毕竟，长时间的脸红就是心慌的表现。一旦心慌意乱，就会把自己置于非常不利的地位，到了那个时候，人就会头昏脑胀，面红耳赤，神情恍惚，不知所以，从而延长了尴尬的时间，让自己在别人眼中的印象大打折扣。

2. 不轻易辩解

有很多尴尬都是因为自己表达有误或者是对方听错了自己的意思而产生的。在这个时候，很多人的第一反应就是马上去辩解。但是这种方法并不能消除尴尬，反而还会越描越黑，让尴尬从广度上向外扩展，从深度上向下延伸，从时间上向后延长，给自己和沟通方都带来更大的伤害和不快。

3. 装作不清楚意思

在尴尬出现的时候，人们不妨适当地“装傻”，让自己摆脱尴尬。因为“傻瓜”是不会了解别人话语意思的，对他人指桑骂槐的话也不敏感，更不在乎。如果我们把自己当成“傻瓜”，反而能让自己躲过难堪。除此之外，还可

以将球轻轻传给对方，让本想置你于尴尬地步的人变得难堪，有苦说不出来。

4. 迅速离开现场

在遇到尴尬的时候，不妨选择离开现场。毕竟，每个人的精力和能力都是有限的，当意外的尴尬发生又不能通过正确方法消除的时候，他们只能选择离开。当然，最好的离开方式是在出现尴尬苗头的时候迅速离开，这样既能避免了尴尬的发生，也可以让自己全身而退。

5. 将计就计，化不利为有利

尴尬固然会对承受方造成不利的影响，但这个不利不是绝对的，也不是针对自己的，只要能够找到关键点，进行绝地反击，就可化不利为有利。

6. 转移尴尬

在医学上，有一种移痛治疗法，当一种难以征服的痛苦被另一种较易征服的痛苦替代时、前一种痛苦往往在后一种痛苦的作用下逐步失去原来的痛感，这种方法也可以运用到化解尴尬上来，以此来对自己进行心理调节，比如根据情况的不同而开一个相应的玩笑来转移自己和他人的注意力等。不过我们在使用这种方法的时候就必须要保证这一点：你所转移的尴尬应该是善意的制造玩笑的契机。

7. 故作心理脆弱

人们都有一颗同情弱者的心，当尴尬出现的时候，如果你表现得柔弱一些，做一些痛苦万分、懊恼不已或者是抑郁的表情，就能够让对方了解到你是一个心理非常脆弱的人，让他知道自己已经深深地伤害了你的自尊心。当人们看到你的“惨状”之后，肯定不会对你进行穷追猛打，也不会再去嘲笑和捉弄你。如此一来，尴尬就会不了了之，消失于无形。

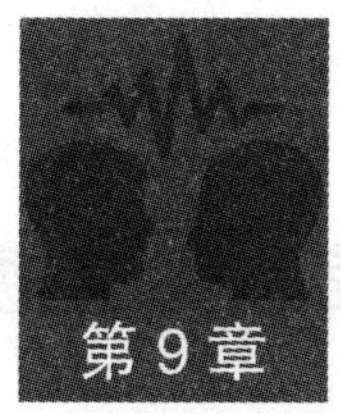

高情商沟通之非语言沟通：运用神态动作促进沟通

我们都知道，沟通中，我们传达观点的主要媒介是语言，但即便如此，我们也不能忽视非语言沟通的重要性，掌握一些基本的肢体语言，能帮我们更快地抓住对方的注意力，也就是说，一个善于沟通的人绝不会一味地“说”，而是善于借助神态动作来促进沟通，进而在举手投足间感染他人！

善用非语言性沟通更有成效

“非语言沟通”就是指运用那些非语言性的渠道来传递信息、表达观点以及和别人沟通的一种方式。现代心理学告诉我们，非语言性沟通交流是一个人真实感情更准确的流露。因为一个人在很多时候很难控制自己的非语言反应，这种反应更真实地表达了一个人内心的想法。心理学家指出：“如果将注意力完全集中在人类的语言交流上，那么，许多交流过程将从眼前消失。”他们之所以非常重视非语言性沟通，是因为他们认识到在整个沟通过程当中非语言性行为发挥着至关重要的作用。有很多资深的心理专业人士认为，在一个交流过程中，非语言性行为占 80%，而语言性因素只占 20%，甚至更少。

为什么人们会如此重视非语言性沟通呢？心理学家认为，因为不同的人有着不同的知识、职业、技能构成，他们所说的专业术语有时候很难让对方明白是什么意思。说的东西多了，反而还会引起对方的恐惧与疑惑。而非语言性行为则是自发的一种反应，能够让对方了解你的真实想法，判断出某件事情的重要程度。

非语言性沟通具体有几种形式，又该如何正确地利用呢？下面我们就来了解一下这些知识。

1. 面部表情

人的面部表情和面部神态是非语言信息里面最重要的组成部分，也是

非语言沟通中最丰富的源泉，它是一种共同的语言。尽管人们的生活背景和文化背景不同，但是面部表情可以传递相似的感情，使人们更准确地了解对方的真实感情。如果我们能够面带微笑，就能够使对方感到安慰和温暖；反之，若以冷若冰霜的面孔示人，则会引起对方的抗拒和不满。

2. 仪表和举止

这也是非常重要的无声语言，可以对交谈对象产生很强的知觉反应。这就要求我们在和别人交谈的时候，要做到衣着整洁、容貌修饰自然大方、举止端庄、保持积极向上的精神，因为这些东西能够缩短彼此之间的距离，给人以亲切的感觉；反之，蓬头垢面、衣冠不整，则会给人一种不庄重的感觉，别人就会下意识地产生反感，进而疏远你。

3. 姿势和步态

姿态和步态可以反映一个人的情绪状态和健康状态。直立的姿势以及快速而有目的的步态表示此人有自信和健康状况良好，而垂头弯腰、缓慢地拖着脚步走则表示情绪抑郁、无兴趣。无论你从事什么行业，在和别人交谈的时候，都要注意姿势大方、得体，避免一些失礼的表现，如指手画脚、拉拉扯扯、手舞足蹈等，以免给别人带来不良的印象。

4. 目光接触

目光接触是非语言交往中的主要信息通道，它既可表达和传递感情，显示某些个性特征，又能影响他人的行为。目光与其他体态信号相比是一种更复杂、更深刻、更富有表现力的信号。因此，在和别人交流的时候，视线不能向上也不能向下，更不能左顾右盼，要望着对方的面部，让对方了解自己的真诚。

5. 触摸

触摸是一种无声的语言，是非语言沟通交流的特殊形式，包括抚摸、握手、搀扶、拥抱等。触摸能增进人们的相互关系，是用以补充语言沟通及向他人表示关心、体贴、理解、安慰和支持等情感的一种重要方式。比如，医生在和患者交谈的时候，触摸不但能表示他对患者的关注和安慰，同时也能稳定患者的情绪，能给他们安全感、信任感，消除恐惧心理等。

当然，在利用触摸这种沟通形式的时候，我们还应该掌握一定的分寸，尤其是在女性面前，不能乱用。否则的话，就会被对方误认为是轻佻的举止，是你在骚扰她。

沟通中巧用肢体语言拉近与人的距离

我们通常会以为交际的技巧体现在口头语言上，而实际上，这只是人们的主观感受，事实并不是如此。人们使用最频繁的是非语言的交谈方式，这就是人们常说的“肢体语言”，它通常是在说话之前就已经表达出了我们的感觉和态度，反映了我们对他人的接受度。有数据显示，一个人要向外界传达完整的信息，单纯的语言成分只占 7%，声调占 38%，另外的 55% 信息都需要由非语言的体态来传达。而且因为肢体语言通常是一个人下意识的举动，所以，它很少具有欺骗性。

既然肢体语言在人际交往沟通中起着如此重要的作用，那么在交谈的时候，一定要注意肢体语言的利用。尤其是与陌生人交往的时候，善用肢体语言，更能有效地拉近彼此间的距离。

这需要我们从现在起，尝试使用这些肢体动作：

1. 展开你的笑颜

人们对于那些总是报以微笑的人似乎总是多一份好感。微笑是一种易于被接受的非言词信号，给人以友好、热情的印象。

当我们对他人微笑时，传递的是友好、渴望沟通的信息，对于对方来说，也自然能感受到你的暗示，那么，他们通常都会同样以微笑来回答你。

当然，这并不是要你时刻都强颜欢笑，而是当你在遇见熟人或者结交陌生人的时候舒心地微笑一下，它可以展示你开放的交谈态度。

2. 张开你的双臂

这是一个热情的动作。可以想象，当你遇到某人的时候，如果他交叉双臂站着或坐着，说明他很冷漠，一点也不高兴。因此，当你交叉双臂站着或坐着时，你给他人的感觉是：你不愿意交谈，你有防备心，你将自己封闭起来。手捂着嘴（或手捂着嘴笑）或支着下巴的动作表明你正在思考。反过来，你也可以想象一下，如果是你，也可能也不会打扰一个正在深思的人吧。另外，如果你双臂交叉，那么，你自身也会显得局促不安，从而让他人也不愿意靠近你，因为在与你交谈的时候，他们也会感到不自在。

所以，如果你想向对方表达出你的热情，就张开你的双臂，即便看起来有点夸张，也比交叉抱着双臂要好得多。

3. 身体微向前倾

当你和对方谈话的时候，身体微微前倾，这表明你对他的话题感兴趣。而这对于他来说，显然是一种尊重，他自然很愿意同你交谈下去。

4. 接触

就比如握手，这不仅是一种礼节，更能体现你的热情与友好，几乎所

有人都喜欢这种身体接触。

有一次，林肯乘船沿河视察。途中，他与船员一一握手，一位加煤工腼腆地缩着手说：“总统，我的手太黑了，不便与您握手。”林肯爽朗地笑着说：“把手伸过来吧，你的手是为联邦加煤弄黑的！”林肯总统的手和加煤工的手紧紧握在一起。

抛开国体、政体不谈，假如我们是那个机械师、是那个加煤工，单就领袖的平易近人、对一个普通工人所做工作的肯定，我们会怎样对待工作呢？俗话说：“握不好手，办不成事。”可见，握手在人际交往中的重要性，那么，我们该怎样才能“握好手”呢？

比如，参加聚会时应先与主人握手，再与房间里其他人握手。如果男士与女士握手时需待女士先伸出手，而不能主动与女士握，握时轻握女士的手指部分，不要握手掌部分。不要随便主动伸手与长者、尊者、领导握手，应等他们先伸手时才能握。对方可能未注意自己已伸手欲与之相握，因而未伸手，此时应微笑地收回自己的手，无须太在意。

可见，最重要的交谈介质之一并不是语言，而是我们的身体。掌握以上四个肢体动作，就掌握了与人初次交谈的一种本领，保证能让你抓住对方的注意力。

观察视线变化来了解对方心理

在人的脸部，眼睛是最灵动和敏感的，它是心灵的一扇窗户，同时也是传达信息的重要途径，眼神所反映过去的信息往往传递的是另一种动人

心弦的真情。诚如人们所说的“会说话的眼睛”“眼睛是灵魂之窗”，人在各种时候，不同的思绪动向会反映在眼睛中。通常人心中所想的事物，眼睛会比嘴巴还快说出来，而且几乎不隐藏。正如文豪爱默生所说：“人的眼睛和舌头所说的话一样多，不需要字典，却能从眼睛的语言中了解整个世界。”因此，一个善于沟通的高情商者，必当也是个善于捕捉他人瞬息万变的眼神的人，洞察对方的内心。

因此，在沟通中，我们可以观察对方的视线变化来了解其心理变化，以此来调整我们说话的方向。

下面是沟通大师和心理学家对此作出的几点分析：

1. 目光突然变得斜视，表明藐视、拒绝或者提起兴趣

细心观察，你会发现，在商业谈判中，彼此对立的双方会有这种眼神。

还有个特殊的情况，那就是一旦人们对某个人或事产生兴趣时，视线也会产生这样的变化。

沟通中，如果对方对你产生这样的视线变化，那么，你就要引起注意，你的话是否引起了对方的反感，或者是某些观点正和对方的心意。

2. 视线突然转向远方，表明对方对你的谈话不关心或正在考虑别的事情

如果对方有这样的反应，那么，很有可能他在心里盘算你的话，以确定是否是正确的。或者对你的观点嗤之以鼻，表示否认。总之，遇到这样的情况，你都应该继续论证你的观点，给出充分的证据，以重新获得对方的信任。

3. 对方做没有表情的眼神，表示心中有所不平或不满

可能你会认为，没有表情的眼神应该是内心没有波动的情况下才有的，

这种想法是错误的。人的思维产生变化时，会有不同的表现，有的闭起眼睛，有的则呆滞地望着远方，还有的则会做出毫无表情的眼神，一旦思维整理妥当或产生新的构思时，眼睛则显得很有神，或出现有规律的眨眼现象。这也是接着将要说话的信号。所以，沟通中，对方面无表情不是好现象。

4. 对方眼神发亮略带阴险时，表示他对你不相信，处于戒备中

我们经常看到的是，那些打扮太过妖艳或奢侈的女性，走在大街上，也很容易招致这种眼神。

与对方初次接触，他们如果有这样的眼神，而你觉得自己并没有做错什么的话，很有可能是他曾经听到过一些关于你的负面消息，当然，这一消息很有可能是不实的，你要做的就是尽快澄清误会。

当然，除了以上介绍的三种情况外，我们还需要注意的是，一个人在感到内疚或做了对不起对方的事情后，总是试图回避对方的视线。所以，当一个人的眼神游离不定时，他可能在隐瞒什么事情。

不过，目不转睛不一定代表对方就是在说真话。因为如今多数人都知道避开视线有说谎的嫌疑，有些人为了不被看穿，也练就了说谎时眼睛一动不动的技巧。

可见，沟通中，与对方的视线的交流是沟通的前奏。一个人的视线可以从不同角度和不同的方面来了解。其一，对方是否在看着自己，这是关键；其二，对方的视线是如何活动的；其三，视线的方向如何，也就是观察对方是否以正眼瞧着自己，或以斜眼瞪着自己；其四，视线的位置如何，究竟由上往下看，或者是由下往上看？其五，视线的集中程度。这些表现所代表的意义是各不相同的。

总之，透过人的视线，我们能窥探出人的内心活动。人们在社会生活中，

如果内心有什么欲望或情感，必然会表露于视线上。因此，沟通中，如果能通过视线了解他人的心态，那么，对于我们的谈话来说是有重要意义的。

庄重场合，表情严肃增添你的话语分量

生活中，可能你有这样的体验：在嘈杂的市场里，卖货的人一口一个“帅哥”或者“美女”，为何他们称谓礼貌，却无法让人感到他们的称赞是真实的呢？因为他们满脸带笑、嬉皮笑脸，有失沉稳，更缺乏真诚。同样，与人沟通中，我们强调说要带着微笑讲话，但我们不要总是“卖弄你的笑脸”，尤其是在那些庄重的场合。这样做，要么让人生厌，要么让人觉得你夸夸其谈，要么让人觉得你酸腐，要么让人觉得你不成熟稳健，而且，如此所述，这样又会让人看清你的思想。

事实上，人的面部表情极为丰富，这和人的内心世界极为丰富有着直接的联系。人的面部表情是在长期的社会生活中逐渐形成的，人类最初的表情，表现的就是人内心的真情实感。而在一些严肃场合中，真正会说话的人即使不露声色，也能让人感受到来自他的强大气场。

人们的思想可以表现出不计其数的复杂而又十分微妙的表情，并且表情的变化十分迅速、敏捷和细致，可以真实、准确地反映情感与传递信息。有经验的人通过观察人的表情和表情变化，就可以探知对方的内心世界。因此，与人沟通，我们更应懂得通过自己的表情来传达我们的内心世界。

当然，沟通中那些总是不苟言笑的人，也是无法获得对方好感的。说话有气场并不是说要使人畏惧，而是要达到言语深入人心的效果。可见，

你必须掌握好“笑”与“不笑”的度，因此，你要做到：

1. 面部表情不可过于丰富

也就是说，如果你希望自己是个有威慑力的人，那么，谈话时，就不可对人挤眉弄眼、大笑或者大哭等，同时，这也是一种失礼的表现，适度微笑即可。

微笑就是一个人内心感情的体现。当你微笑着与别人说话时，也会使对方感觉放松，从而进一步增进融洽的气氛。

2. 眼神不可游离不定

严肃的表情会让说出的话更有气场，但假如你神态木讷，面无表情，即使嘴在动，并说出了语言，也会让人有拒人于千里之外的感觉。因此，记住，除了微笑之外，你最好还应注意你的眼神，眼神不可犀利、凶狠，但一定要炯炯有神，不可游离不定。

因此，微笑是非常重要的沟通工具。当然，微笑也要掌握分寸，假如变成大笑或狂笑，就无法展示出魅力，反而是一种失礼的表现了。

挺直腰板说话，营造更强大的心理气场

可能我们都有这样的感受，在开会或者课堂上，一些教师或领导即便端坐在最前面的位置，但听众还是对他们所说的话提不起兴趣，甚至昏昏欲睡；也有一些人，他们笔挺地站立着、慷慨激昂地陈述着自己的观点，听者也被他们的情绪所感染；造成这一迥然不同的现象的原因当然是多方面的，但我们不得不承认的一点是，挺直腰板说话，往往更能体现说

话者的积极情绪，也更能打动听者。因此从心理学的角度看，讲话时，我们只有站立着、挺直腰板才能产生心理优势，更易让自己产生强大的气场。

那么，什么是心理优势呢？心理优势是一种内在自我的空间延伸，直接决定了一个人对周围人的影响力。尤其近距离接触的存在于人与人交际的一切场合。你是一团火，旁边的人便感到热；你是一块冰，旁边的人便感到冷；你是一缕春风，旁边的人则感到舒适怡然。故我们要在人群中活得自由快乐，便首先要使自己具备一定的心理优势。

事实上，一些人在谈话中，总对别人采取躲避态度，他们总是表现出一幅毫无精神的状态，要么想寻找“一把椅子”，要么疲软无力，这类人是很难在沟通中成功影响对方的。你要想克服这一点，首先就要大胆站起来，并挺直腰板，让他人看到你的魅力！

下面有两个实例：

一天上午，某班级上了两堂课。

第一堂课是陈老师的数学课，陈老师是个资深教师，上课时他喜欢先带一把椅子，然后坐在讲台上，除了必须要在黑板上写字的时候，他才站起来。他的这种授课习惯导致很多学生昏昏欲睡，对此，陈老师很愤怒。下课后，老师把学生叫到办公室，说；“我看你实在太疲累了，眼下高考在即，你必须调整好自己的状态。这样吧，老师让你干脆回家好好休息几天，再精神饱满地投入学习。”学生自然不肯，老师坚持，学生只有流泪无语。

第二堂课是王老师的语文课，她走进教室时，自己先把椅子搬到讲台下面，然后开始上课，课上，她看见黑板没擦，就主动擦黑板，边擦黑板边讲课，并对学生们说：“今天的值日生可能太困了，今天老师替你值日

了啊。”说完，同学们都笑了，那个打瞌睡的学生也醒了。随后，这堂课上，王老师因为发现同学们学习的氛围都不高涨，于是，她便在教室里边走动边讲课，打瞌睡的学生们也一个个清醒过来了。

这两个例子颇堪玩味。经过对比，我们发现，一个老师在上课时的姿态直接关系到学生的听课情绪，站立、走动着为学生讲课，更能带动课堂教学气氛和学生学习的热情。因此，作为一名教师，如果能改变一下自己的授课方式——多站立着授课，那么，是能有效地解决学生在课堂生昏昏欲睡的现象。学生的学习热情提高了，便能做到不旷课，不迟到早退，上课安安静静。

的确，挺直腰板说话，能创造心理优势，但并不是所有的人都做到“站如松”、体现出自己的精气神，甚至有些人一站到陌生人或者众人面前，便畏畏缩缩，不知从何说起，这对你的谈话效果是极为不利的。为此，你还必须做到：

1. 底气十足，营造有利于自己的沟通气氛

有些人，既想在他人面前谈论自己的观点，又怕被别人耻笑。于是，在这种左右矛盾的心理影响下，他们事先虽想好了许多话，可是一站在生人面前就全忘了，大脑彷佛一片空白。另外，当我们唯唯诺诺的站在对方面前的时候，人家也会认为我们心里没底，自然不愿与我们交往。而假如他们在开口前，先调整好自己的心态，主动营造成一种有利于自己的沟通氛围，那么，或许又是另外一种情况。

2. 时刻保持良好的社交礼仪

中国是礼仪之邦，万事以礼相待，一个懂得礼数的人会做到“坐如钟，站如松”，由内而外散发出吸引人的气质，这类人往往也不缺朋友。

总之，沟通中，挺直腰板说话能为我们创造心理优势，让对方看见我们的良好素质和修养，从而愿意接纳你的观点。

与人沟通，是站着还是坐着

无论是在学校里还是在社会上，老师们都有着很高的地位。但是与其尊贵地位不相称的一面就是，他们在讲课的时候通常都是站着。长时间地站立，会给人带来疲惫感。因此，许多人就建议让他们也和学生一样坐着。按说这种建议应该得到教师们的大力支持才对，但没想到最后却遭到了绝大多数老师的反对。

这是为什么呢？难道教师们不懂得坐着更舒服一些吗？当然不是，老师们给出了自己的解答：站立讲课，他们的视线可以毫无遮挡地、居高临下地投向每一位学生，学生可以在老师的视线“控制”之下，学生的任何一个小动作、任何一点眼神和心态的变化都可以在老师的“掌控”之中，容易组织课堂纪律；站着讲课，教师可以走下讲台，到“下边”巡视，近身观察，发现学生在学习过程中的问题，让学生地充分地利用时间学习。总之，站着说话虽然累些，但却能表现得更有气势，更有威严感，更能让自己处于强势地位。

教育专家曾经指出，在授课效果上，站着讲课和坐着讲课并没有什么本质的区别。但是，站着授课的方式更能够体现出教师的威严，更能让学生认认真真听讲，也能让师生之间形成有效的互动。

美国斯坦福大学的一个教授曾经专门对于“站姿”和“坐姿”给人们

带来的影响做过一次调查：他向被测试者提供了两张站姿和坐姿的照片，请他们说出哪一种姿势更具有气势一些。最后发现，有 80% 的人觉得站姿更具有气势，而认为坐着更具气势的人则只有 20%。

而在气势的表达上，站姿比坐姿更具有优势。对于这一点，断案的警察可谓深有体会。他们在和同事、知情市民、犯罪分子进行沟通的时候，为了有效达到沟通目的，他们就会选择站立的方式。

瑞德是联邦调查局总部中年纪最轻的主管，他在和下属们开会的时候很少会坐着分配任务，而是尽量地选择站立的形式。哪怕是碰到了错综复杂的案子，需要和下属们进行长达三四个小时的商议，他也是站着说话。有一些下属看到之后，于心不忍，就劝他坐下来讲话，但都被他婉言谢绝。

后来，有人问他为什么选择站立的方式与人交谈。瑞德笑着说："在联邦调查局里，我是年纪最小的主管。尽管我是刑侦专业毕业，但是在实战经验和业务的掌握程度上和那些资深的联邦调查局探员们没法相提并论，这是我的致命伤，也是一些老探员不愿意服从我的原因。为了弥补这方面的不足，从气势上'镇住'那些老探员，我就必须要站着，因为这样会显得比他们高大，会给他们带来精神上的压力，让他们不敢产生小看我的想法。反之，如果我选择坐下来的话，那么我的气势就会削弱，也就难以让他们仰视。在这个时候，他们可能会因为瞧不起我而故意提供一些错误的信息或者是说一些有弦外之音的话，我会受到他们的冷眼。"

对于想放松的人来说，坐姿可以说是一个不错的选择。但是，坐下来之后，气势就会受到削弱，随着腰部的放松，一个人的语言也就没有了任何张力可言。因此，在沟通对象面前，尽量别采用坐姿。如果说采用坐姿

就是处在“守势”的话，那么，站姿就等于处于“攻势”。站着和人进行交谈，就等于是有了强大的气场和咄咄逼人的气势，对方会因为抵抗不住你的强大攻势而缴械投降。

沟通学大师告诉我们，越是碰到那些自高自大、自以为是的沟通对象，就越要采取站立的姿势去说话，去表达。因为站立本身能够给人带来威慑，使其因为“矮你一头”而产生恐惧与不安。当其产生恐惧与不安的时候，自然就不敢也不能再耍滑头，只能束手就擒，按照你的思路去做事。

当然，在交流的时候并不是说时时都要站着说话，如果沟通对象是你的莫逆之交，你就可以采取坐着的形式来和其进行交流了。如果你选择了站立的姿势，就等于是存心要压倒对方，给其制造心理压力，使得原本准备对你实言相告的朋友不愉快，也很可能使他勃然大怒拂袖而去。故而，这种交流方式可以多用，但不能滥用，而且是要慎用，根据交流对象的不同来决定要不要使用。

沟通中的座位如何安排

美国联邦调查局在刚刚建立的时候对座位的安排、方法和坐向都有过专门的研究，以便帮助探员们在进行侦讯工作的时候可以更好地把握对手的心理，掌握“套话”的主动权。心理学家们对座位的研究，也可以作为我们在谈话时利用的工具。

为了更好地掌握谈话的主动权，我们可以学习一下椅子摆放的知识。大体说来，椅子安排方面需要注意以下几点。

1. 和男性沟通，椅子要并排安排

沟通大师指出，如果不是正式场合，两个男性沟通的时候，座位安排最好不要面对面。因为这样会让交谈的双方产生拘束感和不安全感，如此一来就难以构建良好的沟通氛围，难以让交流产生良好的效果。

有很多男人喜欢坐在车里谈论一些重要的事情。这并不是因为车座舒服，而是因为驾驶座和副驾驶座是并排安排的，坐在这样的位子上探讨问题，心情就会比较放松，也比较容易达成理想的效果。

如果细心观察一下的话就不难发现，当两位男性在无可奈何之下必须选择面对面坐着的时候，他们就会不由自主地将身子略微倾斜，很少会形成直线的形式。因为他们在潜意识里认为，避开面对面就可以减少一下彼此的抵抗心理，这样更容易建立一种融洽的交流氛围，给彼此留下好的印象。而面对面交谈则会让男性产生不安全感，大多数男性都不喜欢从正面被人盯着，因为那样会让他感到很有压力。

2. 与女士进行沟通，座位安排应该面对面

心理学家经过大量的调查取证和研究，发现女性和男性在座位的选择上有着完全相反的倾向，她们不喜欢并排而坐的方式，而是喜欢和沟通对象进行面对面的交谈。

对于大多数女性而言，面对面的交谈才能够传递出自己真挚的眼神和友善的表情，也能够让自己了解到对方的真实想法。如果给她们安排一个并排而立的座位，她们就会因看不到对方的表情而心神不宁。因为她们比较敏感，也生性多疑，看不到交流对象的面孔就会觉得对方要么是在生她的气，要么就是看不起她；或者是觉得对方的回答只是在应付，并没有认真地听听她在表达什么。

绝大部分女性都比较喜欢和人有一种亲昵的感觉，而面对面的交流方式则是亲昵的重要表现形式。因此，在和女性聊天的时候，就要给她们安排一个面对面的座位，以此来构建一个良好的沟通氛围。

3. 在庄重场合，“主位”只能有一个

这里的“主位”指的就是“主角”坐的位子。这里的主角不是电视上的，而是交际场合中的一号人物。

警察在审讯犯罪嫌疑人的时候，为了给其增加心理压力，在必要的时候往往会让几个人同时出现组成一个强大的“审讯团”来对犯罪分子实施询问。不过在“审问团”的座位安排上，并不是随意摆放椅子，而是把主位留给身份地位最高或者是审讯经验最丰富的探警。因为这样就能够让犯罪嫌疑人了解到该探警的身份，同时也能让其产生“大人物亲自审讯我”的虚荣心。虚荣心一旦得到满足，犯罪分子就会因为飘飘然而忘乎所以，更会丧失应有的警惕性。当他放松了警惕之后，探警就比较容易从他的口中套到有效的信息了。

4. 给某个约谈对象留一个不足为道的位置

有时候，警察也会面对“一对多”的沟通场景，比如犯罪分子的家人和他的辩护律师组成的“抗议团”。遇到了这种情况，他们绝不会自乱阵脚，也不会慌张无措，而是仔细观察，在第一时间里分析出这些人之中谁是最重要的人物，然后再非常巧妙地给那个气势汹汹有备而来的人一个微不足道的位置。这种有意而为之的座位安排就是在告诉对方：“我根本不把你放在眼里，你只是一个小人物”，如此一来就能够在短时间之内打消他的嚣张气焰，迫使其老老实实就范。

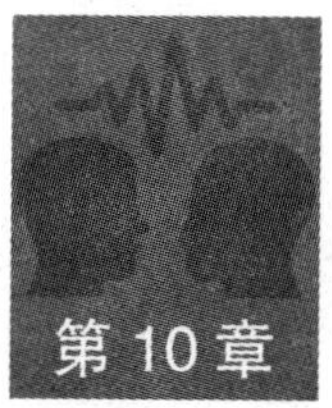

高情商沟通之幽默运用：发掘你体内潜藏的沟通才能

一个人无论从事什么工作，无论处在何种地位，与人交往是不可避免的，也就免不了与人沟通。而现实生活中，无论是谁，都愿意和一个有幽默感的人交谈，而不愿和一个整天板着脸毫无趣味的人相处。掌握一些交流的幽默沟通术，不仅能帮助你更好地与他人进行有效的沟通，还能帮助你处理一些言语交谈中的尴尬问题，让你能顺利地摆脱困境，与他人建立和谐的关系，从而赢得别人的信任和喜爱。

巧用幽默打开最佳的沟通局面

与人交往的过程中，很多时候，我们常常因为交流双方的不熟悉、沟通存在目的性或者沟通双方的不善言辞而无法打开和谐的沟通局面，此时，只有幽默才能使双方内心的紧张和重压释放出来，化作轻松的一笑。因此，在沟通中，幽默语言如同润滑剂，可以使我们从容地摆脱沟通中可能遇到的困境。

卡耐基有句名言："关于沟通，除了词汇之外，最重要的就是'趣味'！"在社交中，谈吐幽默的人往往易于取胜，没有幽默感的人则往往会失败。在交际场合，幽默的语言极易迅速打开交际局面，使气氛轻松、活跃、融洽。

常在小区活动室玩牌的老王好久没来了。这次一来，牌友老孙就问："老王啊，怎么这几天都没看见你啊？"

老王一脸的严肃，说："别提了，我被'双规'了！"

老孙吓一跳，问："啊？怎么回事儿？贪污了？"

老王一笑，说："哈哈，我儿子、儿媳妇找我谈话喽，宣布我必须在规定时间、规定地点接送小孙子上幼儿园。"

众人这才明白，哈哈大笑。气氛一下子变得轻松融洽。

案例中的老王便是运用幽默法打开与众人交谈的局面的，的确，与人交往，若总是抱着严肃的态度，那么，交谈氛围也就会变得凝重。如果换一种心态，适度幽默一下，就会显得诙谐幽默，大度自然，你也会让别人

感受到你的光明、希望和快乐。

会调侃的人懂得如何给生活添加佐料，受到不公平待遇也会泰然处之，即使心情郁闷，也能通过开玩笑的方式给别人传达某种信息，实质上这种人热爱生活，大智若愚，充满了人格魅力，现实生活中会得到众多朋友的喜爱，因此成功的机会自然比一般人多。

可见，社会生活中，不论你只是其中的普通一员，或是身居要职，只要善于运用幽默的力量，总能让自己获益匪浅。你不仅要善于幽默地调侃他人，也要能接受他人的幽默调侃，如此才能赢得友谊，成功建立社交关系。在社交活动中游刃有余，赢得成功。《围城》里的方鸿渐是一个颇具幽默感的人。

在方鸿渐刚回国时，他在家乡的一所中学作了一次演讲。方鸿渐说："吕校长，诸位先生，诸位同学：诸位的鼓掌虽然出于好意，其实是最不合理的。因为鼓掌表示演讲听得满意，现在鄙人还没有开口，诸位已经满意得鼓掌，鄙人何必再讲什么呢？诸位应该先听演讲，然后随意鼓几下掌，让鄙人有面子下台。现在鼓掌在先，鄙人的演讲担当不起那样热烈的掌声，反觉到有一种收了款子交不出货的惶恐。"

这个开场白显然很成功，让方鸿渐立刻受到了众人的欢迎。幽默是一瞬间智慧的火花，让生活充满乐趣。

幽默是社会活动的必备礼品，是活跃社交场合气氛的最佳"调料"。与人交往，恰逢时宜的一句话就能缓解尴尬的交际氛围，帮你打开一道宽阔的交际之道。那些会说话的人往往能巧妙运用幽默的力量，轻松拂去沟通伊始的那种冷漠，改变人们的心情和处境，建构起特有的幽默氛围。我们如果把交际中的人们划分为两种人——枯燥的人和有趣的人，那么富有

幽默感的人可谓是有趣的人。“酒逢知己千杯少，话不投机半句多。”这句话，可以证明这一点！

那些生活经验丰富的人无不重视幽默的力量。使用幽默的语言，是展现你风采的一种重要形式，它同时是一种默契形式，能使得你与他人之间的相处变得宽容、友善、幽默，使严肃的话题变得轻松。幽默的人善于拨动笑的神经，使严肃的话题变得轻松，让对方丢掉紧张的情绪。幽默是一种艺术、一种润滑剂，面对严肃的话题时幽默一下，会产生较好的效果。

当然，最好的幽默话题往往是那些内责或中立性质的。因此，你可以以你自己为幽默的对象，针对自身的一些小缺陷或者不足开个玩笑，好像自我打趣似的，就不会触犯别人。相互攻击有时也很风趣，但对初学者来说不应该去尝试，应该避免使用。

拒绝枯燥，幽默让交流变得生动有趣

如果说语言是人们交流沟通的媒介，那么幽默的语言便是通向对方心灵的桥梁，它能让你风趣诙谐地表达自己的某种心意，并以最快的速度直抵他人的心灵。因此，幽默是最受欢迎的生活艺术，幽默的语言体现的是一种修养，它能让与人交往变得更为轻松。也会令人如沐春风！

的确，人际沟通的最大杀手便是枯燥，话不投机半句多，谁也不愿与一个严肃、沉重的人交谈沟通，相反，那些善于沟通的高情商者无不也是幽默大师，因为幽默的言谈可以给他人带来欢乐，也能让自己拥有愉快的心情。拥有幽默的人生活愉悦，并能拥有快乐的人生。有一位聪明的小伙子，

用一连串的成语为自己的婚礼增添了无穷的欢乐。

的确，用过于严肃的态度生活，难免太沉重；人生不如意事十之八九，若总是唉声叹气，生活必然一片灰暗。如果换一种心态，调侃一下生活，就会显得诙谐幽默，大度自然，每天都会很阳光、很光明，充满希望和快乐。会调侃的人懂得如何给生活添加佐料，受到不公平待遇也会泰然处之，即使心情郁闷，也能通过开玩笑的方式给别人传达某种信息，实质上这种人热爱生活，大智若愚，充满了人格魅力，现实生活中会得到众多朋友的喜爱，因此成功的机会自然比一般人多。

以下方法可帮助你活跃沟通氛围：

1. 拿自己开涮

懂得运用自我贬低、自我解嘲这种方法制造幽默的人往往都是幽默高手。会收到欲扬先抑、欲擒先纵的效果。众人将在哄笑声中重新把你抬得很高。自我贬抑既可活跃气氛，又能博得他人好感。

2. 调侃对方

社交中，对于那些与自己关系亲密的朋友，可以以对方为幽默的对象，开句玩笑，互相贬低一番，这并不是坏事，反而会使朋友间亲密无间。但要记住的，你的玩笑一定是不带恶意和偏见的。

3. 夸张赞美

抬高他人有时候也能产生幽默效果，但这种方法并不等同于虚伪的恭维、奉承，善意的抬高会立即使整个气氛变得异常活跃。老朋友、新同事见面后，不免介绍寒暄一番，这是个极好的活跃气氛的机会。

4. 搞恶作剧

恶作剧也是一种幽默的表现方式，它的幽默来自于出人意料性。朋友间，

可以互相调侃，可以突破紧张的、受束缚的社交规则，当然，不能否认的是，对于那些不喜欢恶作剧的人，最好少用。

5. 寓庄于谐

社交生活中，你不需要时时紧绷着自己，自始至终保持庄重气氛就会显得紧张。即使是那些需要庄重的场合、面对那些严谨的问题，同样可以用风趣、幽默的语言来表达。

幽默法制造快乐，瞬间赢得对方好感

幽默是语言的艺术，也是制造快乐的艺术，幽默能够引发喜悦，给人们带来欢乐，使别人获得精神上的快感，我们与幽默的人相处会感到愉快，而与缺乏幽默感的人相处，则是一种负担。因此，与人交往之处，如果你希望瞬间赢得对方的好感，就要善于运用幽默这一不可缺少的社交生活润滑剂。

在某种意义上来说，培养自己的幽默感，也就是培养自己的处世、生存和创造的能力。有较强生存能力的人，通常也是一个有影响力和感染力的人。幽默像是击石产生的火花，是瞬间的灵思，所以必须要有高度的反应与机智，才能发出幽默的语句，幽默可能化解尴尬的场面，也可能作为不露骨的自卫与反击，但更重要的还是让你赢得了他人的好感。

一个具有幽默感的人，他最大的魅力并不只是谈吐风趣，他还懂得用幽默或幽默感，来增进与他人的关系，并改善自己的人格和品质。

幽默感是指一种能力，是理解别人的幽默和表现自己幽默的能力。幽

默是一种艺术，具有幽默感的人，生活中充满了情趣，许多看来令人痛苦烦恼的事他们却应付得轻松自如。

因此，如果你想在与人交往时给人留下一个良好的印象，就要善于运用幽默的力量。无论是在别人家做客，还是在自己家待客，充满幽默的言谈气氛相信是我们每个人都需要的，当你走入室内，就要将你的幽默表现出来。一个面带怒容或神情抑郁的人，永远都比不上一个面带笑容或幽默的人。

在这个竞争越来越激烈的社会，幽默感对我们来说，显得越来越重要了，因为他不仅能为严肃凝滞的气氛带来活力，更显示了高度的智慧、自信与适应环境的能力。如果你确实想成为一个具有幽默感的人，千万不要假装幽默，而应该努力培养你的悟性，使你无论到什么地方，都备受欢迎。

因此，你需要记住的是：

开玩笑，并不是不分场合的，否则，不仅玩笑达不到效果，可能还会招致别人的反感。

另外，开玩笑也应该多考虑他人的感受，对于他人的生理缺陷，是不能拿来开玩笑的，这是在故意揭别人的“伤疤”，把自己的快乐建立在别人痛苦的基础之上。要知道，恶作剧可能会导致意外，但并不是所有人都能接受你的恶作剧，如果玩笑可能刺伤在座的任何一个人的话，你还是不要说出来的好。因为受到伤害的人会因为别人的笑声，内心更为痛苦，甚至对你产生怨恨。

幽默让沟通轻松进入深层次

我们都知道，语言是沟通的媒介。而让语言通向他人的心灵没有任何有效的方式，只有依靠幽默。它可以消除内心的紧张，化解生活的压力，它还可以有效地降低人们之间的摩擦，缓和矛盾和冲突。因此，幽默的语言不仅是打开沟通局面的良方，更是通向对方心灵的桥梁，它能让你风趣诙谐地表达自己的某种心意，并以最快的速度直抵他人的心灵。

有一天，法国画家奥拉斯·韦尔纳正在勒芒湖边作画，一个女青年向他走了过来，并对画家的作品提出了一些修改意见。

第二天，在一艘回巴黎的船上，他又碰到了这位女青年。这位女青年对他说："先生，一看你就是个法国人，听说大画家奥拉斯·韦尔纳也在这艘船上，你能介绍他给我认识吗？"

"小姐，你真的很想见他吗？"

"是的，先生，我非常地想见他，要知道，他可是我心中的神话。"

"哦，亲爱的小姐，不必那么麻烦了，因为昨天上午你已经认识他了，并且你还给他当了一回绘画老师呢！"

这里，奥拉斯·韦尔纳刚开始结识这位女青年的时候，并没有道明自己的身份。而很明显，当他开完玩笑后，女青年便了解，自己身边的先生便是自己"心中的神话"，并且，"这个神话"并没有端着高高的架子，而是如此的幽默、风趣、平易近人，于是，两个绘画爱好者的深层次交流便开始了。

人与人之间心灵的沟通，离不开语言，而幽默正可以填补人们之间心灵的鸿沟，是与他人建立良好关系所不可缺少的东西。

要知道，朋友、同事相聚，最忌一个人唱独角戏，大家当听众。成功

的社交应是众人畅所欲言，各自表现出最佳的才能，作出最精彩的表演。为达到这一目的，就必须寻找能引起大家最广泛共鸣的内容。有共同的感受，彼此间才可各抒己见，仁者见仁，智者见智，气氛才会热烈。所以，作为沟通的一方，你应该联系各种因素制造出幽默氛围，让沟通更进一步，以免出现冷场的尴尬。但要做到这一点，你还必须谨记：

1. 控制自己的情绪，做个“冷面笑匠”

制造幽默、开玩笑，是要起到让大家笑的目的的，为此，关键是你自己不能先笑，更不能提前给听众“打预防针”。假如笑话还未开始，你便说：“我讲个笑话给你听，这个笑话可好笑了！”这样，对方便会产生一种心理预留机制，他们在内心，会产生一种想法：你的笑话肯定不好笑，你才会这么说，我就不笑给你看！所以，讲笑话前一定不能事先透露，出其不意才会制造幽默。

2. 讲笑话的窍门在于共鸣

一日，村长带着夫人来到县城开会。

会上，县长问：“你怎么连老婆都带来了？”

村长：“会议通知上不是要求了嘛？”

县长：“哪儿有？”

村长：“你好好看看，上面明明写着日用品自带嘛。”

以下这个笑话，相信你也会心一笑。制造幽默的题材最好要有处境感，如果把有外国处境的笑话直接搬到香港，可能会因为文化差异而让人笑不出来。例如在北美洲，有人会停下车，脱下鞋和袜子，伸出双脚到车窗外透气，外国人天天都能见到，便觉得很好笑，但这种情境在香港并不常见，香港人便无法感受。

巧用幽默，留下沟通中的余地

在生活中，人们常说“话不说满，事不做绝”，因此，我们与人谈话时时刻都要提醒自己，要给自己留余地，使自己可进可退，这好比在战场上一样，进可攻，退可守，这样有了牢固的后方，出击对方，又可及时撤回，仍然处于主动地位。虽说未必就是战无不胜，但也不会出现一败涂地的现象。同样地，在化解矛盾冲突时，我们依然要注意自己的说话方式，任何绝对的语言都可能激化矛盾，而通常情况下，那些交际高手都会选择幽默法，以开玩笑的方式给自己一个下台阶与回旋的机会。

的确，当我们为了某个目的与他人谈话时，话就要说得圆润一些，话说得太直白，会激恼对方，即便是理在己方。说得圆润一点，能给我们留下一定的回旋余地，从容地达到我们谈话的目的。因此，即使运用幽默的手法，你也需要注意以下几点：

1. 话不要说过了头，违背常情常理

我们在说任何话的时候，都应记住，如果太过，违背了事物的常情常理，就会留下被人指点的话柄，这中间需要我们把握好度的问题。

2. 话不要说得太绝对

世间任何事物都是相对的，而不是绝对的，对于绝对的语言，人们也总是不易接受。比如，当你斩钉截铁地说：“事实完全就是这个样。”此时对方必定会在心里产生两种想法：一是肯定你的反问：“难道一点也不差？”二是质疑你的说法也许你表达的是事实，可是他心里老是琢磨“难道一点也不差”的时候，他可能就误解你想要表达的真正含义了。其实，你不妨说：“事实就是这个样子。”

而对于我们自身尚未弄清楚的事情，或者仅仅是自己的看法不具备普遍性，就更不要用那些表示绝对的字眼，那样会因为你的绝对化而引起他人的怀疑，甚至引起他人的反感。

因此，在谈话时，尽管是我们绝对有把握的事，也不要把话说得过于绝对，绝对的东西容易被他人挑刺。与其给别人一个挑刺的借口，不如给自己说的话留有余地。同时，如果我们不把话说得绝对，我们还可以在更为广阔的空间与对方周旋。

3. 说话要前后一致

在和他人讲话时，还要注意自己说话的逻辑，不能前后矛盾。因为，你说话矛盾的地方，就是漏洞处，也常常是易受到他人攻击的地方，而且常常是非常有力的攻击，可以使我们哑口无言。

幽默反击，避开对方的恶言

物理学上，有“作用力”，就有“反作用力”；人际交往上，有“主人”，就有“客人”。古人说：“恶声至，必反之。”意思就是，当别人对我们恶言相向时，一般人正常的反应就是采用同样的方法回击，但这并非高明的人际互动技巧，最高明的技巧是运用“幽默反击术”。幽默反击既不伤人，又能立竿见影、反客为主，能在谈笑自若中轻易化解人与人之间的尴尬与冲突。

一天，从邻国来了三位商人。这三位商人每人给国王提出了一个难题。可国王和王宫里的所有人都未能答上来。有人提议让阿凡提来回答，国王立刻召来了阿凡提。阿凡提骑着驴径直来到国王面前，抚胸施礼道：“尊敬的国王陛下，敝人前来拜见，有何贵干请吩咐。”

“阿凡提，请你赶快回答这三位贵客提出的问题。”国王对阿凡提说。阿凡提望了望这三位商人，说道：“敝人洗耳恭听，请贵客提问。”

第一位商人问道：“阿凡提，地球的中心在哪儿？”阿凡提不慌不忙地用手里的拐杖指着他那毛驴的右前腿说：“就在我那毛驴的右前腿下！”“你有什么证据？”那位商人又问。“先请您量一下，如果多一尺或者少一寸的话，由我来负责！”阿凡提说道，那商人听了只好无言可对。

“那么天上有多少颗星星？”第二个商人问道。“我这头驴身上有多少根毛，天上就有多少颗星星。如果您不相信，就请您数一数，多了或是少了请您找我。”阿凡提回答说。

第二个商人听了阿凡提的话只好默默不语。阿凡提向第三位商人暗示请提问题。商人问道：“我的这把胡子有多少根？请你回答！”“我这头驴的尾巴有多少根毛，您的胡子就有多少根。”“何以见得？”第三位商人听了发怒道。“如果不相信，请您把胡子一根一根地拔下来，我也把毛驴的尾巴一根一根地拔下来，咱们一起来数一数，请您把您的胡子拔下来吧。”阿凡提回答说。第三位商人听了，摸一摸胡须只得哑口无言。

在人们心目中，阿凡提是智慧、欢乐的化身，只要一提起他的名字，愁眉苦脸的人就会展开笑颜。从这里，我们便能领略到阿凡提的幽默与智慧。似乎无论对方采取什么样的招数，阿凡提都能做到反客为主，幽默地避开矛盾的锋芒，让人们为之一笑。

当然，这种幽默方式，一般是对方的攻击有多大分量，反击就有多大分量，这个分量可以适当减轻，但不可以加重，在运用这种幽默技巧反击对方的讽刺的时候，切忌不可忘了这一点。否则，可能会因为反击分量过重而引起新一轮的争吵。

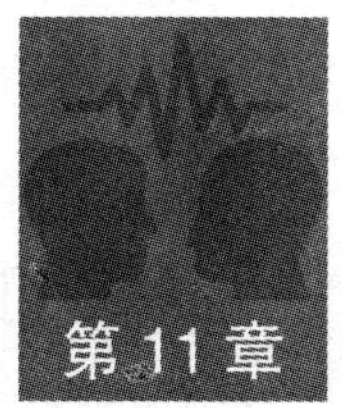

高情商沟通之社交口才：怎样沟通让你左右逢源

随着社会的发展，人与人之间的交往日益频繁。社交作为人们相互沟通交往的纽带和桥梁，显得更加重要。正如一句名言中所说的那样：“一个成功的因素，归纳起来15%得益于他的专业知识，85%得益于良好的社交能力。”而社交口才的重要性也就毋庸置疑。因此，掌握一些社交口才技巧，帮助你成为一个深谙交际语言的人，从而帮助你成功获得良好的社交关系。

言辞真挚，更容易打动人心

我们都知道，人与人之间，是存在一定的沟通屏障的，也是存在一定的戒备心理的，这就造成我们沟通的困难。古人云：感人心者，莫先乎情。对于说服别人，在很大程度上，可以说就是情感的征服。只有善于运用情感技巧，动之以情，以情感人，才能打动人心。

沟通大师认为，社交中，与人说话，一定要真诚，真诚的话语如一缕沁人的春风，能滋润孤寂的心灵；如一杯新沏的绿茶，安抚着酷暑下扰人的心境；如一滴心灵的洗涤剂，荡尽尘埃开启清澈的心房。说话真诚的人往往给人一种信任感，能在纷繁事件中达到默契沟通。

那么，我们该如何在言语间春风化雨，让对方感受到我们诚恳的态度呢?

1. 让你的微笑活泼一点

实际上，生活中的每个人，生来都会微笑，但随着年龄的增长，随着生活压力的来临，我们逐渐忘记了这一本能，似乎我们总是找到让自己愁眉苦脸的理由，尤其在陌生的环境里，微笑最容易被我们忽略。

事实上，你如果能笑一笑，并让你的微笑活泼一点，那么，别人就会被你的真诚和快乐所感染。因此，你不妨：当你接受过别人的帮助后，你应该面带微笑地对他说声“谢谢”；清晨，当第一缕阳光照在你身上的时候，不妨对你的爱人说声“早安”；当你的同事升职后，你应该发自内心地祝

福他“恭喜你”。一旦你的言词能自然而然地渗入真诚的情感，你就拥有了引人注意的能力了。

2. 不可傲慢无礼

那些说话夸夸其谈、目中无人者是令人讨厌的，为此，我们要做到态度自然、和蔼。

3. 注意你的声音的分贝

与人交谈时，不要认为高声谈笑就是真实自然的表现，声音分贝过大，不仅会影响到别人，让别人觉得刺耳，还是一种无礼的表现，因此，你说话应轻声轻语，声音大小以对方听清为宜。

4. 不要卖弄你的口才

即使遇到意见不合的问题，也不可高声辩论，不要当面指责，更不要冷嘲热讽，甚至恶语伤人，而应语气委婉，各抒己见，尽量说服对方或求同存异。

5. 不要顾此失彼

在和多人交谈时，千万不要只关注一个人而冷落了其他人。最好是用一个话题唤起大家的兴趣，让每个人都发表自己的意见。

6. 不要打断别人的谈话

别人讲话时，话题突然被打断，会让对方产生不满或怀疑的心理。认为你不识时务，水平低，见识浅；认为你讨厌、反感这类话题；认为你不尊重人，没有修养。

当然，语言谦和也要把握好度的问题，说话只是表达思想，说明事情，没有必要靠语言来乞讨怜悯或掠取威严，你不必要唯恐别人不高兴，极力表现出毕恭毕敬的样子，唯唯诺诺、点头哈腰，堆砌一大套客套话，其实

这只会被人瞧不起，而盛气凌人、出口伤人，摆出一副傲慢的姿态，会令人敬而远之，或觉得这人不知天高地厚，浅薄之极。正确的方法是不卑不亢、客气大方、讲究实在、有理有节。

总之，与人交往，若我们做到以诚待人，真诚地帮助他人，可以使不认识的人对自己微笑，可以融化他人的疑虑、冷漠、拒绝，换取他人对自己的信任和好感。

称谓恰到好处，给他人留下好印象

在与人交往中，应该注意自己对于他人的称呼，恰当的称呼，会给别人留下良好的印象，会使自己与别人的关系得到和谐的发展。而恰当地称呼别人，也就成了与人交往中必备的关键因素。当然，如何正确合理地称呼别人也是一个非常有讲究的事情，不恰当的称呼会使对方感到你的不礼貌、不尊重，甚至还会因此而生气，进而使你与对方之间的交流陷入尴尬的境地，你们之间的交流也会因此而被打断，无法正常进行。

对于别人的称呼应该以对方的年龄为主，但是又不能太较真，对对方的称呼应该以对方的年龄减少几岁，这样对方听了才会高兴，而你们之间的交流也会因为这样而能得到进一步的发展。

王女士今年已经七十多岁了，但是由于保养得好，看起来也就六十多岁的样子。人们遇见她都只是叫她阿姨，因为她不爱听别人叫她别的。有一天下雨，地上不太好走，而王女士正好从外面回来。这时，小区新来的保安小李赶紧跑过去扶住她，边走还边说着："老奶奶，您小心点，您家

里人怎么放心您这么大年龄了还往外跑啊？像您这么大年龄的人，应该多在家休息才对啊，他们真是太不像话了。”王女士听见小李说的这些话之后脸色都变了，急忙甩开小李的手自己一个人往前走了。

小李愣在那里不知道发生了什么事，也不知道自己说了什么得罪王女士的话。而刚刚从保安室里出来的同事刚好看见了王女士一个人在前面走。小李也看见了自己的同事，就问同事，那个老奶奶怎么突然就变了脸色。同事说不知道，他只是看见了王女士甩开小李的手。同事知道小李是新来的，就想到可能是小李说了什么不好听的话。小李说：“我见这么不好走的路，那个老奶奶一个人在走，就去扶她，后来跟她说了一些话，她就这样甩开我，自己一个人往前走了。”小李的同事听出来了，小李就是因为叫了王女士为老奶奶，才会有这样的结果。他告诉小李，王女士只喜欢别人叫她阿姨，这时小李才明白过来自己错在哪。

第二天，小李又遇见了王女士，于是热情地上去叫了一声阿姨，这时王女士别提多高兴了，还一个劲地夸小李有礼貌。恰当的称呼，帮助小李赢得了王女士的好感，这个恰当的称呼就是根据王女士的习惯而来的。你觉得恰当的，对方不愿意听，也会被认为是不恰当的，也会说你不会说话。因此，真正恰当的称呼就是那些对方愿意听，但是与现实差距不太大的称呼。

可见，恰当的称呼别人，透露出你自身的一种修养，反映了你对对方的尊重。恰当地称呼对方，会给对方留下良好的印象，就像小李那样，最终叫了王女士一声阿姨，就得到了王女士的夸奖。而不恰当的称呼，不利于你在对方心中的形象，同时不利于你与对方之间交流的顺利进行。

称呼，在与人交往中具有很重要的作用，在与人交往中应该注意自己对别人的称呼。会说话的女性，知道称呼的重要性，知道怎样选择自己对

别人的正确称呼。

根据对方的年龄、身份以及地域给予对方合适的称呼，对于正确处理自己与他人之间的交流沟通来说具有极其重要的作用。聪明的女孩，对于如何称呼别人，也有自己的看法，她们不会因为称呼方式的不合适而阻碍自己与他人的沟通。

在恰当的场合根据对方的年龄、对方与自己之间的关系、对方的身份职业，给予对方恰当的称呼，不会让对方反感。因为你对对方的称呼是恰当的，还会赢得对方对你的好感，进而有助于你们之间交流的和谐发展，对自己、对对方都是有好处的。

其实对于别人的称呼不仅在沟通中具有重大的作用，还会成为表情达意的重要手段。即使是在路上遇见朋友，也应该跟对方打招呼，这是对别人的一种尊重，也是自己的一种表达自己礼貌的方式。对待不同的人就应该有不同的称呼，如果称呼错了，不仅会闹出笑话，影响自己与他人之间的交流沟通，甚至还会在此过程中给自己的沟通造成误会，让对方对你产生怨恨情绪。

恰当的称呼方式才会帮助自己实现与他人之间的良好沟通，让对方看见你的尊重，感受到你带给他的温暖。双方之间会因此而达到心理共鸣，双方之间的沟通也会因此而变得轻松舒畅。

找准切入点，交谈自会圆满成功

“物以类聚，人以群分”，我们每个人的社交圈，实际上都是以自己

为圆点，以年龄、爱好、经历、知识层次等为半径构成的无数同心圆。共同点越多，圆与圆之间交叉的面积越大，共同语言也越多，也越容易引起对方的共鸣。因此，在人际交往中，与他人谈话要找到合适的切入点。交际的切入对交际的结果起着至关重要的作用。切入得好，交际圆满成功；切入得不好，就不能取得预期的效果。那么，交际该怎么准确地切入呢？

1. 关心他最亲近的人

任何人总是关心着自己最亲近的人，如果一旦发现了别人也在关心着自己所关心的人，大都会产生一种无比亲近的感觉。我们就可以利用人们这种共同的心理倾向，从关心他最亲近的人切入，拉近交际的距离。

2. 在他心中建立“亲情”意识

有些交谈场合需要直截了当地切入正题。比如对方已经知道你的来意，或者彼此已经约定了这次交谈的内容，那就不必要说很多题外话，这样可以使对方精神集中地来谈你们之间要谈的事情。

但是，在很多场合，交谈进入正题前是需要进行一些准备工作的，如果突然地将交谈切入正题，很可能会遭到对方一口回绝。在这样一些场合，如果你不急于将交谈转入正题，而是说一些有关的题外话，然后再将对方引入正题，结果可能会完全不一样。

3. 选择话题因人而异

“一样的米养百样的人”，世界上有多少人就会有多少种性格与爱好。仔细观察那些人缘很好的人，你会发现他们有一个共同的特点：和不同的人谈论不同的话题，而且谈论的都是他人感兴趣的话题。罗斯福就是这样一个典型，不管对方的身份是什么，他总能和对方侃侃而谈，他的诀窍就是在开口和对方说话之前通过各种途径获取对方个人资料，最重要的是了

解对方的兴趣所在。罗斯福总是这样总结他的经验：“只有谈论他所喜欢的事情，才能抓住他的心，让他先高兴起来，然后接近他就比较容易了。”

总之，社交中，打动人心的最佳说话方式就是：跟他谈论他最感兴趣的话题。因为有兴趣就有感情，有了感情什么事也就都好办了。所以，要与人建立良好的关系，最快捷最深入的办法就是了解对方的性格特征、兴趣爱好，然后有的放矢，讨论对方感兴趣的话题。

只有把话说好，才能把事办成

沟通大师认为，办事时的语言沟通，要预先想好词掂好句，先说什么后说什么，怎么说和说到什么程度，都应该有个讲究，要知道，只有把话说好，才能把事办好。

我们借助一定的表达方式把自己要办的事说出来，这是一种语言的艺术。具体来说，我们可以这样做：

1. 自我推销：有好印象后再套关系

初次见面时让人对你留下深刻的印象，是非常重要的。和陌生人见面时，要先做好自我介绍。当你们见面，目光相对，互露微笑之后，接下去就是“我叫……”的自我介绍，这种介绍的要点就是要讲清楚自己的名字和身份。如果对方因没有搞清你的名字而叫错你，彼此一定会觉得很尴尬，很容易造成不愉快的场面。因此，自我介绍时，除了要讲清楚自己的名字和身份外，最好能附带一句比如说“张，弓长张”。这样不但不会使对方发生误解，还可以加深印象。

非常重要的一点是必须记牢对方的名字，最好的办法就是找机会说出对方的名字，帮助记忆，在讲话中时常提到对方的名字，会让对方觉得你很重视他，而感到愉快，促进感情交流。

2. 套近乎：拉近感情后再谈正事

托人办事之前首先要通过语言拉近与对方的距离。俗称“套近乎”。套近乎就是要在交际双方的经历、志趣、追求、爱好等方面寻找共同点，诱发共同语言，为交际创造一个良好的氛围，进而赢得对方的支持与合作。套近乎是交际中与陌生人、尊长、上司等沟通情感的有效方式。

3. 打破冷场：气氛和谐后再谈正题

俗话说：“酒逢知己千杯少，话不投机半句多。”托人办事也是如此，要开动脑筋，注意观察，迅速找到共同点，以此作为一种契机，与受托对象进行和谐投机的谈话。

有一位女记者去采访一位科学家，到了科学家那儿，女记者看到墙上挂着几张风景照，于是就谈起了构图、色调……原来这位科学家爱好摄影，他兴致勃勃地拿出了他的相册，谈话气氛非常融洽。正是由于这种气氛，使后面的正题采访进行得非常顺利。

一次，这位记者去采访一位女教师，行前有人说她很倔，说不好三言两语就把人打发了。记者到学校去找她，她正在跟传达室的人发脾气。记者一听她说话的口音是浙江人，心里暗暗高兴，因为她也是浙江人。后来，她们的交谈就从家乡谈起，越谈越热乎，这一段题外话也为正题作了很好的铺垫。

实际上采访和托人办事差不多少，记者的经验可供各位办事者借鉴。双方的心是相通的，交谈是和谐的，进而才能缩短距离。因此，我们和陌

生人交谈，千万不要把话讲完，把自己的观点讲死，而应是虚怀若谷，欢迎探讨。

妙用赞美，说点好听话得人心

中国有句老话说“士为知己者死，女为悦己者容”，意思是说男人愿意为了了解自己的人献出生命，而女孩会为了欣赏自己的人而开心打扮。这也正像美国著名女企业家玛丽凯曾经说过的：“世界上有两件东西比金钱和性更为人们所需要，那就是认可与赞美。”

赞美是一种语言艺术，它可以帮助我们赢得事业的成功和生活的幸福。赞美不仅能改善人际关系，也能影响一个人的精神面貌和情感状态。赞美是对他人的高度肯定，是使生活快乐美好的法宝。一个懂得赞美的人，会得到别人的宽容和谅解，也会使自己的事业蒸蒸日上。

这是语言的魅力，也是赞美的妙处。任何缺点有了语言的修饰都不再是缺点，任何不愉快加上赞美的语调都会变得自在舒畅。有人说：“赞扬能使羸弱的躯体变得强壮，能给恐惧的内心以平静和信赖，能让受伤的神经得到休息和力量，能给身处逆境的人以务求成功的决心。”是的，恰当的赞美对于人们的生活就是如此重要。

有一位律师，有一天和太太驾车到长岛去拜访几个亲友。太太留他陪一位老姑妈聊天，自己则到别处去见几个年轻亲戚。由于这位律师不久要发表演讲，演讲的题目是《如何运用赞赏原则》，于是他觉得不妨以这位老姑妈为对象，体验一下使用的效果。他环顾四周，看看有什么值得称赞的。

“这幢房子是在 1890 年建造的吧？”他问道。

“是的。”老姑妈回答：“正是那年建造的。”

“这使我想起我们以前的老房子，那房子很漂亮，盖得很好，有很多房间。现在已经很少有这种房子了。”律师说道。

“你说得很对。”老姑妈表示同意，“现在年轻的一代，已经不在乎房子漂不漂亮了。他们只要那种小公寓就够了，然后开着车子到处跑。”

“这是一幢像梦一般的房子。”老姑妈的声音因回忆而颤抖了。“这是一幢用爱造成的房子。我的丈夫和我梦想了好几年，我们没有请建筑师，这完全是我们自己设计的。”

她带着这位律师到处参观，律师也真诚地发出赞美。室内有很多漂亮的陈设，都是她四处旅行搜集来的——小毛毯、老式的英国茶具、有名的英国威奇伍瓷器、法国床和椅子、意大利图画及曾经挂在法国一座城堡里的丝质窗幔。

看完了房子，老姑妈带领这位律师到车库去。那里停着一辆几乎没使用过的别克车。“这是我丈夫去世前没多久买给我的。”她轻声说道：“他死后，我就没有动过它，你懂得鉴赏好东西，我就把它送给你吧！”

每个人都需要赞美，老人也一样，很多老人因为年纪大了，与外界接触的机会就少了，不被别人嘲笑是累赘已是庆幸，更何况得到赞美呢，想都不敢想了。然而越是这样，我们越应该给予他们更多的关爱和赞美。

在我们体会到赞美的快乐的同时，也要学会赞美别人。我们要学会真诚地赞美别人，才能维持友谊的长久、感情的火热和亲情的温暖。赞美的言语就像春风，可以吹化冬雪，能够融解种种摩擦和不快。在家庭中适当地赞美对方，是婚姻长久的保障。

人人都需要赞扬，学会真诚地赞扬别人就如同掌握了幸运的法术，学会真诚地赞美别人，你就拥有了每个人都需要的东西，你就是大家所需要的人，你便也有了自己的价值！

言语禁忌，有些话有碍交际

人际交往，并非单纯地与人说话交流，更多的是一种技巧性的沟通，因此，当你与别人谈话时，必须要意识到，你与对方扮演的是双重角色，言语交流也是具有双向性的，也就是说，你的责任不仅是把自己的思想表达清楚，还应考虑怎样谈才能使对方产生兴趣，易于理解，并根据对方的各种反馈信息来调整自己的讲话内容和方式。而作这一切的存在，都依赖于一个先决条件——不触及到人际交流中的禁忌。

我们来看下面的一个真实故事：

1972年2月16日，日本知县的一位小学老师突然杀死自己的岳母和妻子。原因是他不堪忍受岳母的咒骂："你这蠢货！不但不能好好养家糊口，竟然还四处借债。最好你请个邻居作证人，顺便把房子卖掉，夫妇俩离婚，只怕你还做不到。"

故事中的小学老师，之所以会做出如此过激的行为，引发这一悲剧，是因为其岳母对其进行了人格屈辱，自尊心受到极大伤害而造成。因此，决不能随意伤害他人自尊心，要谨慎地选择言语。

当然，现实交际中，不慎言谈并不会引起如此恶劣的结果，但会损害人际关系，疏远人际间的距离。那么，除此之外，在交际中，我们还该注

意哪些交谈禁忌呢?

1. 意识形态、宗教类话题

因为上述话题都具有强烈的立场，一旦谈起来可能会引起激烈的争辩。

2. 隐私类话题

所谓隐私，着眼点就在“隐”，指的就是人们不愿意说出来的、公开的情况，也就是秘密。任何一个人，即使再外向，也都有不希望他人知道的隐私。同时，在极为重视隐私权的现代社会，人们即使交朋友，也希望自己的朋友能和自己保持一定的心理距离。因此，如果你的朋友愿意向你透露他的隐私，那么，这是因为他信任你，你应该感到荣幸，但是你若不能保守秘密，则会使朋友伤心，甚至让他离你而去。

的确，隐私是人的心灵深处最敏感、最易激怒、最易刺痛的角落。无论是当面还是在背后都应回避这样的话题。

如果询问对方有关生活部分的隐私，如“恋爱没？”“收入怎么样？”之类的话题，便很可能让对方觉得尴尬，因此，最好不要随便提及。

3. 不便回答的话题

比如，你在逛街时遇到一个女同事，你会随便问一句：“你怎么在这儿？”或“你要去哪里？”

而实际上，你可能没想到的是，你这样的问题，对方是不便回答的，因为有时候对方可能并不想告知你她的目的地，或者是漫无目的地散步。另外，有些多心的问对于“去哪里？”这样的问题是极为反感的，因为他们会认为：“这是我的隐私，与你何干？”

4. 敏感话题

一般来说，这些话题包括女士的年龄和体重、谈话对方的婚姻问题、

收入问题等。比如，当你无意中告诉一位女士：“你胖了。”她会担心自己是不是体态走样了。相对地，也许你说他(她)瘦了，刚好那时对方正受到疾病的困扰，而误触人家的伤心事。总之，个人想法、立场不同，某个话题，也许你认为没什么，却可能是别人的禁忌，特别是别人身体上的改变，尽量少拿来做寒暄的话题。

对待敏感话题上，反应一定要快。有人会想，以前谈及这一类话题都没问题，现在必定也一样。这种“轻视”态度很要不得。

除此之外，大家应该了解的一个原则是：特定的场合有着特定的敏感话题，不要“误踩地雷”。这样，在一些喜庆场合，千万不要讲晦气的话题；相对地，在葬礼等场合，就不应该讲开心的话题。

在某次结婚典礼即将结束时，忽然有个人谈起了“离婚”话题：“千万不要离婚。我离过三次婚，对这一点太有体验了；所以我要对你们提出忠告……”这人实在是大煞风景。

那么，怎样才能避免类似的错误呢？最好的方法就是“设身处地”地站在他人的立场来看待自己的言谈。

总之，我们在与人交往的时候，要注意交谈规则，规避交谈禁忌，注意用恰当的方式把要说得话说好，使语言沟通成为人际关系的“润滑剂”。

参考文献

[1] 端木自在 . 所谓情商高，就是会说话 [M]. 南昌：江西美术出版社，2017.

[2] 李安 . 这样说话最受欢迎 [M]. 北京：中国城市出版社 ,2010.

[3] 成正心 . 活学活用沟通心理学 [M]. 北京：电子工业出版社，2017.

[4] 汇智书源 . 高情商沟通学 [M]. 北京：中国铁道出版社 ,2017.

[5] 白丽洁 . 高情商沟通 [M]. 北京：中国法制出版社，2017.